臨床心理学ことはじめ

花園大学社会福祉学部臨床心理学科 編

Clinical Psychology for Beginners

ナカニシヤ出版

はじめに

　臨床心理学を学ぼうとする大学生が増加していることを背景に，臨床心理学の名称を冠した学部，学科が増えています。臨床心理学を専門とする者にとっては喜ばしいこととして歓迎したいところなのですが，素直に喜べない点もあります。たとえば，臨床心理学に対する正確な理解がないまま大学に入学した結果，抱いていた臨床心理学に対するイメージと実際のギャップから修学意欲をなくしたり，場合によっては進路変更を余儀なくされる学生も少なくないのです。

　そこには，テレビや雑誌などのマスメディアによって興味半分で取り上げられる知識の偏りも影響していると思われます。もちろん，学術的に正しく記述されている書籍は一般書店の店頭に少なからず並んでいますので，それらを読むことは可能です。しかし，それらはあくまで臨床心理学の導入的な意味合いが強く，体系的・専門的に解説されているわけではないので，ほとんどの高校生は大学に入ってから初めて臨床心理学に触れることになるわけです。

　本書はこのような現状を背景として，これから臨床心理学を学ぼうとする人々に実際に大学で学ぶ臨床心理学をわかりやすく正確に解説することを目的として企画されました。もちろん，現役の大学生にとっては臨床心理学の知識を整理する上で，一般読者にとっては臨床心理学の概要を理解する最適な書籍となるでしょう。

　著者はすべて臨床心理学科の教員ですが，目次や著者紹介をご覧いただくとわかりますように必ずしも臨床心理学を専門としているわけではありません。本文でも触れてあるように，それは臨床心理学の学際性を背景としています。

　全体は「基礎」「発展」「近接領域」の3部構成となっています。第1部「臨床心理学の基礎」では臨床心理学の概要，心理アセスメント，心理療法について解説し，第2部「臨床心理学の発展」では，家族心理学，非行臨床，認知心理学，学校心理学について解説しました。そして，第3部では，精神保健，子どもの発達と小児科学，特別支援教育，障害者福祉といった「臨床心理学の近接領域」について解説しました。

　また，本書は最新の知見を取り入れながら，図表を多用するなどしてできるだけ平易にわかりやすく臨床心理学を解説するという方針を掲げています。一人でも多くの臨床心理学に興味をもつ方々の手に取ってもらえたら著者としてこの上ない喜びです。

　最後になりましたが，本書の出版にあたっては2011年度花園大学出版助成を受けていることと，ナカニシヤ出版の山本あかねさんに最後まで大変お世話になったことを申し添えるとともに，心から感謝申し上げます。

著者を代表して
丹治光浩

目　次

はじめに　*i*

● 第 1 部　臨床心理学の基礎 ●

第 1 章　臨床心理学とは何か？―臨床心理学概説― ……………… 3

1　臨床心理学とは何か（定義）　3
2　何のために学ぶのか（目的）　4
3　どうやって学ぶのか（方法）　4
4　臨床心理学の過去・現在・未来（歴史）　5
5　心の形と成長（理論）　7
6　ご近所との関係（近接領域）　12
7　心の仕事（職務内容と資格）　13
8　やっていいこと悪いこと（倫理）　14

第 2 章　心を知る―心理アセスメント― ……………………………… 17

1　心理アセスメントって何？　17
2　心理アセスメントの流れ　18
3　心理アセスメントの方法　19
4　適切な援助の方法　29
5　おわりに―心の声を聴く―　31

第 3 章　心を癒す―心理療法― …………………………………………… 33

1　心理療法とはなんでしょうか？　33
2　クライエントとはどんな人？　34
3　症状の意味　35
4　こころの専門家とはどんな人？　37
5　クライエントとカウンセラーの関係はどんなもの？　38
6　心理療法における約束ごと　39
7　こころの専門家になるのには？　40
8　ふたたび心理療法とは？　41

● 第 2 部　臨床心理学の発展 ●

第 1 章　家族を心理学する ……………………………………………………… 45

1　家族心理学とは？　45
2　そもそも家族とは？　47
3　健康と家族　49
4　発達と家族　51
5　人間関係と家族　52
6　社会の中の家族　55

第2章　非行臨床の学び方・進め方　59

1　非行臨床とは何か？　59
2　非行臨床家としての職種と仕事　59
3　非行臨床と一般の心理臨床との違い　60
4　非行臨床と近接する領域　62
5　非行臨床の学び方　64

第3章　物の見方や考え方と脳の関係―認知心理学―　67

1　認知心理学って，何？　67
2　心はどこにある？　67
3　中央演算装置（CPU：Central Processing Unit）は，大脳？　68
4　正しく物を見る自信がある？　69
5　地図を読むのは得意？　69
6　見えない左側の不思議？　70
7　「言語中枢」は，ウェルニッケとブローカ？　71
8　「記憶中枢」は，タツノオトシゴ？　71
9　「情動中枢」は，アーモンド？　72
10　将棋のプロ棋士は，手続き記憶？　73
11　「モニタリング」は，アイランド？　73
12　「ワーキングメモリー」は，ランダムアクセスメモリー　74
13　「意思決定」がダメになった，フィネアス・ゲージ　74

第4章　学校で生かせる心理学―学校臨床―　77

1　学校臨床とは　77
2　学校教育と心理学　77
3　学校での心理の仕事　79
4　ストレスとは　81
5　子育て支援　84
6　おわりに　86

● 第3部　臨床心理学の近接領域 ●

第1章　精神保健福祉　89

1　精神疾患のことを学ぼう　89
2　精神障害とは何？　91
3　日本の精神障害者対策はどうなっているの？　92
4　精神保健福祉士ってどんな仕事をするの？　93
5　重い精神障害者への地域生活支援　94
6　重い精神障害者の家族を支援する　95
7　海外の精神保健福祉　96
8　包括型地域生活支援　98

第 2 章　子どもの発達と小児科学・・・・・・・・・・・・・・・・・・101

1. お母さんのお腹の中でも育っている　101
2. 赤ちゃんの誕生　104
3. すくすく大きくなぁれ　107
4. アンヨが上手になる日まで―子どもの運動の発達―　108
5. ママと呼んでくれるかな―子どものことばの発達　110
6. お友だちと一緒に遊べるかな―子どもの社会性の発達　110
7. 発達がゆっくり，発達が凸凹のこともある　112
8. 発達の課題がみつかったら　114
9. 未来のお父さん，お母さんになる君たちへ　116

第 3 章　支援を必要とする子どもと特別支援教育・・・・・・・・・・・119

1. はじめに　119
2. 特別支援学校の先生になりたい　120
3. 「特殊教育」から「特別支援教育」への移行　122
4. 支援を必要とする子どもたち　125
5. 特別支援教育の制度と授業　128
6. これからの特別支援教育をめざして　130

第 4 章　障害者福祉・・・・・・・・・・・・・・・・・・・・・・・・・133

1. はじめに　133
2. 障害者のイメージ　133
3. 障害者だから仕方がない？　135
4. 障害の発見を支援につなげていくということ　136
5. 障害者ってなに？　137
6. 障害者福祉論とは　138
7. どんな福祉施策があるの？　139
8. 福祉政策を考える　141
9. 働くことを支える　142
10. 生きることを認めるということ　143
11. 障害者を排除しない社会づくりとは　144
12. おわりに　146

索　引　147

第1部
臨床心理学の基礎

臨床心理学とは何か？
― 臨床心理学概説 ―

1　臨床心理学とは何か（定義）

　心理学は人類の長い歴史の中にあって比較的新しい学問ですが，現在では他の学問と同様に多くの専門分野に分かれています。表 1-1-1 はその代表的なものを一覧にしたものです。なかでも**臨床心理学**（Clinical Psychology）は著しい発展を遂げ，近年は学科だけでなく学部の名称として使用している大学もいくつかあります。
　臨床（病床に臨むこと）という言葉の意味から考えると，臨床心理学は心の病を対象

表 1-1-1　心理学の諸分野

異文化間心理学	複数の文化の研究を通して人間心理の普遍性や法則を探る学問
学習心理学	新しい行動の習得に際して心理的に何が生じるかを研究する学問
家族心理学	家族関係に関わる心理的諸現象を研究する学問
学校心理学	学校場面における心理的諸問題を研究する学問
言語心理学	人間の言語行動に関して心理学的に研究する学問
コミュニティ心理学	社会と個人との結びつきを心理学的に研究する学問
災害心理学	主に自然災害に対する人の行動を心理学的に研究する学問
産業心理学	人事管理や職場適応などの諸問題を心理学的に研究する学問
実験心理学	さまざまな実験を通して人間の感覚，知覚，学習などを研究する学問
児童心理学	児童期の子どもの行動を心理学的に研究する学問
社会心理学	社会環境における人間行動全般について心理学的に研究する学問
宗教心理学	宗教的な営みに対する人間心理を研究する学問
障害者心理学	障害者（児）の心理的特徴や心理学的諸問題を研究する学問
深層心理学	人間の無意識の働きについて研究する学問
スポーツ心理学	スポーツに対する心理的要因や効果について研究する学問
青年心理学	青年期における心理的諸問題を研究する学問
生理心理学	生理学的事象と心理学的事象の関連について研究する学問
超心理学	予知，念力，テレパシーなどの超常現象を研究する学問
乳幼児心理学	乳幼児の精神発達，およびその変化について研究する学問
認知心理学	認知機能を対象とする心理学，および認知を鍵概念とする心理学
発達心理学	生体の行動の発達・成熟過程を心理学的に研究する学問
犯罪心理学	犯罪者の心理分析など犯罪と人間心理の関わりについて研究する学問
高齢者心理学	高齢者の心理的特徴や心理学的諸問題を研究する学問

にしているイメージがあるかもしれませんが，近年はその守備範囲を家族関係や生き方の問題など，日常生活におけるあらゆる問題にも広げています。そこで，本章では臨床心理学を「個人や社会におけるさまざまな心の問題に対して心理学的な方法で援助しようとする実践的な学問」と定義し，話を進めたいと思います。

2 何のために学ぶのか（目的）

　臨床心理学を学ぼうとする人のなかには，「臨床心理学を勉強すると人の心が手に取るようにわかる」と思っている人がいるかもしれませんが，いくら熱心に臨床心理学を勉強しても残念ながらそんな神様のような芸当はできません。では，実際のところ臨床心理学を学ぶメリットはどこにあるのでしょうか。これについては，次の3点を挙げたいと思います。

1. 心理的な問題を発見する

　どんな問題でも早期発見，早期解決するにこしたことはありません。臨床心理学を学ぶことで心の問題を見つけやすくなることが考えられます。たとえば，子どもの発熱などの身体症状の背景に親子関係の問題が潜んでいる場合があります。また，学業成績の低下に心の病気が関係していることがあります。臨床心理学の知識はこうした問題に気づくきっかけを与えてくれます。

2. 心の問題の解決法を知る

　心の問題が特定されても解決方法がすぐに見つかるとは限りません。臨床心理学はそうしたときにも力を発揮します。たとえば，第1部第3章で紹介する心理療法はまさにそのための技法です。もちろん，臨床心理学を少々学んだだけですぐに心理療法ができるわけではありませんが，心の問題を解決するためのヒントや方向性を指し示してくれるでしょう。

3. 自己理解を深める

　臨床心理学を学ぶことは自分自身について学ぶことでもあります。心理的な悩みや問題をきっかけとして臨床心理学を学ぼうとする人が少なくないのですが，そうした自分自身を客観的にみつめることができなければ他者の心を理解することはできません。また，自分自身についての理解が深い人ほどストレスに強く，精神的にも安定していることを考えると，自己理解の重要性がわかります。

3 どうやって学ぶのか（方法）

　臨床心理学を学ぶにあたっては，まず何より人間に対する純粋な興味や関心をもつことが必要です。また，臨床心理学は人間関係をもとにした実践的な学問なので，それを学ぶにあたっても体験が大事にされます。たとえば，臨床心理学関連の講義やセミナーではワークショップの形式がとられることが少なくありませんし，臨床心理学関連の資格（14

ページ参照）を取得する場合にも実習がかなりのウエイトを占めています。

　とはいえ，学生にとっては授業以外で実践を積む機会はなかなかないかもしれません。そこでお勧めなのがボランティアです。近年は，福祉施設だけでなく教育現場や医療現場でも学生ボランティアが多く活躍しています。積極的にボランティアに参加することは，臨床心理学を学ぶ上で非常に有効だと思われます。

　一方で，映画や小説，演劇などに広く触れることもお勧めです。それは直接的に臨床心理学を扱った作品でなくてもかまいません。優れた芸術作品には人間心理が巧みに表現されています。特に長く語り継がれた昔話，神話，おとぎ話などには人間の本質を垣間見ることができます。

4 臨床心理学の過去・現在・未来（歴史）

　すでに述べたように臨床心理学は比較的新しい学問ですが，その源流は古く紀元前までさかのぼることができます（図1-1-1）。アリストテレスやヒポクラテスなどの知識人は

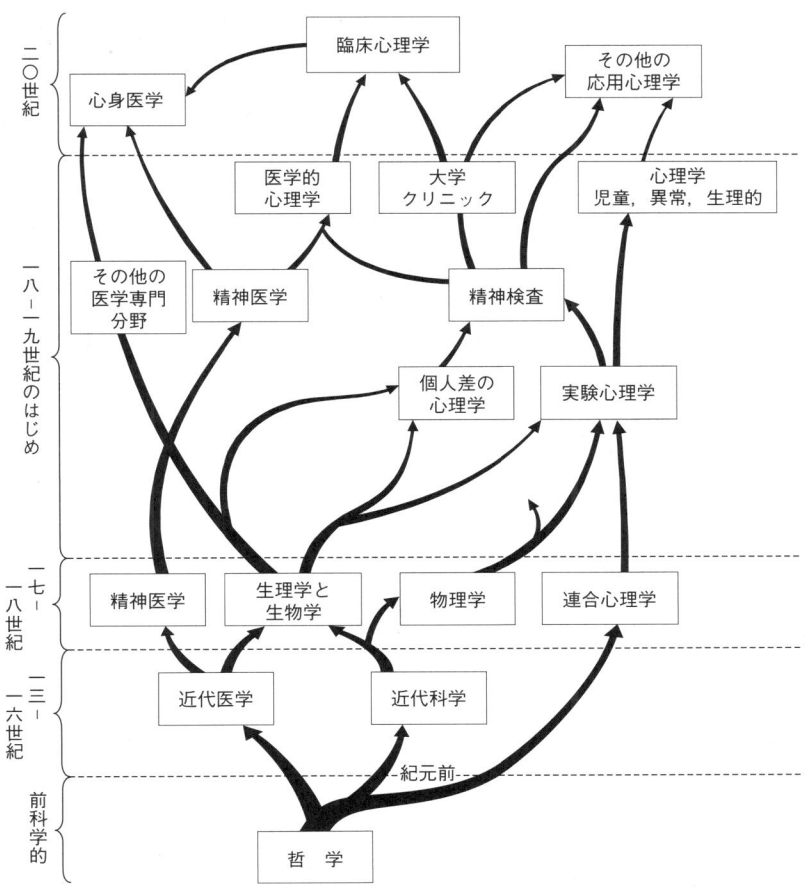

図1-1-1　臨床心理学の系譜（秋山，1979を一部改変）

表 1-1-2　臨床心理学の歴史

年	出来事
1793 年	ピネル（Pinel, P.）が初めて収容所の鎖から精神病患者を解放する。
1879 年	ブント（Wundt, W. M.）がライプチヒ大学に心理学実験室を設ける。
1896 年	ウィットマー（Witmer, L.）がペンシルバニア大学に心理クリニックを設立する。
1900 年	フロイト（Freud, S.）が『夢判断』を発表する。
1905 年	ビネー（Binet, A.）がシモン（Simon, T.）と共に知能検査を発表する。
1911 年	アドラー（Adler, A.）が個人心理学を創始する。
1913 年	ユング（Jung, C. G.）が分析心理学を創始する。 ワトソン（Watson, J. B.）が行動主義心理学を創始する。
1921 年	ロールシャッハ（Rorschach, H.）が『心理診断学』を発表する。
1922 年	クレッチマー（Kretschmer, E.）が『体格と性格』を発表する。 モレノ（Moreno, J. L.）が心理劇を創始する。
1926 年	グッドイナフ（Goodenough, F. L.）が人物画知能検査を発表する。
1929 年	ローウェンフェルト（Lowenfeld, M.）が世界技法（箱庭療法の原型）を発表する。
1935 年	マーレー（Murray, H. A.）が TAT（主題統覚検査）を発表する。
1939 年	ウェクスラー（Wechsler, D.）がウェクスラー法知能検査を発表する。
1940 年	ロジャーズ（Rogers, C. R.）が非指示的カウンセリングを提唱する。
1943 年	ハサウェイ（Hathaway, S. R.）とマッキンレー（Mckinley, J. C.）が MMPI を発表する。
1945 年	アメリカで最初の臨床心理士免許法が公布される。
1949 年	コッホ（Koch, K.）がバウムテストを発表する。
1952 年	アメリカ精神医学会が DSM（精神障害の診断と統計の手引き）を発表する。
1953 年	京都大学に心理相談室が設置される（1980 年に日本で初めて有料化される）。
1956 年	片口安史が『心理診断法』を発表する。
1964 年	日本臨床心理学会が創設される。 エリス（Ellis, A.）が論理療法を発表する。
1982 年	日本心理臨床学会が創設される。
1988 年	日本で臨床心理士の資格認定が開始される。
1995 年	文部省（当時）がスクールカウンセラー派遣事業を開始する。
2011 年	臨床心理士が 21000 人を超える。
2013 年	DSM-5 発表予定。

　脳を精神活動の座として位置づけ，それまでの迷信や霊魂による病気の概念を否定しました。しかし，ローマ時代になると再び心の病気は悪魔の仕業であるとの考えが出現し，さらに中世になるとそうした考えが定着し，精神病患者の多くは悪魔祓いと称して拷問や火あぶりに処せられました。

　その後，17 世紀に入り解剖学や生理学が発展するとともに精神病の理解が再び深まっていきます。たとえば，1793 年フランスのピネル（Pinel, P.）は精神病院に収容されている患者を鎖から解放し，シャルコー（Charcot, J. M.）やジャネ（Janet, P.）らは，メスメル（Mesmer, F. A.）が治療に用いていた催眠（当初催眠は動物磁気によって起きると考えられていました）を催眠療法として確立させました。

　そうしたなか，臨床心理学が独立した学問として成立したのは，ウィットマー（Witmer, L.）がペンシルバニア大学に心理クリニックを設置した 1896 年のことだと言われています（以下，表 1-1-2 を参照）。当時の心理学は，心の働きを物理学の公式で説明しようとす

る**精神物理学**が主流でしたが，精神医学の分野ではフロイト（Freud, S.）が提唱した精神分析療法が台頭し，クライン（Klein, M.），ラカン（Lacan, J.）などによって大きく発展しました。

　一方，20世紀に入ってからは，キャッテル（Cattell, R. B.），ターマン（Terman, L. M.），ビネー（Binet, A.）らによって知能の研究が進められ，いくつかの知能検査が作られます。また，ロールシャッハ・テストやTAT（主題統覚検査）などの心理検査が次々と生まれ，特に1940年以降はコンピュータや統計学の発展によってたくさんの質問紙法による心理検査が開発されました（第1部第2章参照）。

　ところで，多くの学問がそうであるように臨床心理学も戦争の影響を受けました。たとえば脳と心理機能の研究は，第一次世界大戦などの戦争で負傷した患者の治療の過程で大きく進みましたし，ベトナム戦争の帰還兵に多発した心理的問題からはPTSD（外傷後ストレス障害）の研究が進みました。

　1960年代からは，CT（コンピュータ断層撮影：X線を利用して物体の内部構造を画像化する技術）など医療機器の発達によって脳を傷つけずに調べられるようになり，脳機能の解明が進みました。そのようななかにあって現在では廃止されている脳の前頭葉切除（いわゆるロボトミー手術）が精神科治療のなかに取り入れられていたことを忘れるわけにはいきません。

　1970年代に入ると薬物療法の研究が進み，精神疾患の治療に貢献しました。さらに，高齢化が現実の問題となった1980年代から1990年代以降には，認知症に関する研究も広く行われるようになっています。

　近年は，遺伝子研究や脳科学の発展を背景にエビデンス（証拠・根拠）に基づいた臨床心理学（EBCP：Evidence Based Clinical Psychology）が求められる一方で，クライエントのナラティブ（物語・語ること）を重視する臨床心理学（NBCP：Narrative Based Clinical Psychology）の提唱や，さまざまな心理療法の統合研究などが活発化しています。

5　心の形と成長（理論）

1. 理論とは何か

　この節では臨床心理学の基本理論のいくつかを紹介しますが，いうまでもなく理論は絶対的な真実ではありません。理論はつねに新しく提唱され，検証され，修正されていくものです。つまり，理論とは単なる説明概念であって，より多くの事柄が矛盾することなくきれいに説明できる考え方，あるいは実際に役立つものほど優れた理論なのです。

　しかし，私たちは優れた理論であればあるほど，それが説明概念であることを忘れ，つい実在するかのように感じてしまいます。そうすると，現象に理論を当てはめて考えるのではなく，理論に現象を組み込もうとします。たとえば，「子どもの愛着（アタッチメント）は母親との一定以上の相互作用を通して形成される」という理論があると，愛着の形成が十分でない子どもはすべて母親の育て方に原因があると考えてしまうようなものです。私たちは目の前の現象に対してあらゆる可能性を模索する必要性があるのです。

2. フロイト

　オーストリアの精神科医であるフロイト（Freud, S.）は，催眠，夢分析，言語連想法な

どの手法を通じて無意識の働きを体系化し，それを**精神分析**（Psychoanalysis）とよびました。

(1) 構造論

精神分析理論によれば，心は意識されている自己の中心的なまとまりである**自我**（Ego），通常抑圧（35ページ参照）されて意識化できない欲動である**イド**（Id），または**エス**（Es），自我を監視する理想や良心の源である**超自我**（Super Ego）に分けられ（図1-1-2），あらゆる心の現象はそれらの力関係で決定すると考えられます。たとえば，エスが強すぎると衝動的，感情的になり，超自我が強すぎると抑圧的な理想主義者となり，自我が強すぎると理性的で合理的な性格になるわけです。

(2) 発達論

フロイトは心の発達を未分化な**リビドー**（性エネルギー）の体制化として捉え，それは表1-1-3のような段階を経て成人の性愛へと統合されるという理論を提唱しました。そして，人は各発達段階において不安や不満を体験すると，そこに**固着**（特定の段階にとどまってしまうこと）したり**退行**（以前の発達段階に戻ること）することによって心の安定を図ると考えました。

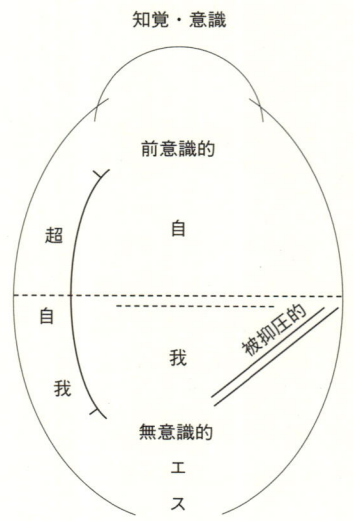

図1-1-2　心的装置（前田，1985）

表1-1-3　フロイトの発達論

発達段階	説　　明
こうしん き 口唇期 (Oral Phase) 出生〜1歳半頃まで	この時期の乳児の快感の源泉（リビドー）は口唇に集中する。乳児が母親に抱かれ乳首を吸う行為は生命に関わる重要な活動であり，そこから得られる満足感によって基本的な信頼感や安心感が生まれる。この段階への固着は口唇期性格（甘え，依存，自己中心的）を生み出し，これがさらに強くなると過食，食欲不振，アルコール依存などの問題へと発展する。
肛門期 (Anal Phase) 1歳半〜3，4歳頃まで	この時期の幼児は肛門括約筋をコントロールする神経が発達して，意図的に大便を排泄できるようになる。同時に肛門への刺激が快感を生み，肛門を中心に心が組織化される。この段階への固着は肛門期性格（強情，生真面目，几帳面，けち）を生み，これが強化されると強迫神経症へと発展する。
男根期 (Phallic Phase) 3，4歳〜5，6歳頃まで	リビドーが主に性器を中心に体制化される時期である。子どもは男女差（ペニスの有無）を意識し，異性の親に愛情や親愛の念を持ち，ライバルである同性の親を憎むようになる。この両親に対する心理的にとらわれた複雑な感情を，フロイトはギリシャ神話にちなんで**エディプス・コンプレックス**と命名した。これを克服するためには同性の親を同一化して男性性，女性性を獲得する必要がある。この段階への固着は男根期性格（顕示性，攻撃性，競争心）を生み出す。
潜在期 (Latency Period) 5，6歳〜11，12歳頃まで	この時期になると性欲動が一時的に不活発になり，あたかもリビドーが潜在化してしまったようにみえる。子どもは就学によって生活環境が拡大し，知的発達や社会性の発達が目立つようになる。
性器期 (Genital Phase) 11，12歳〜	この時期の子どもは身体的成熟とともに性的欲求が高まり，やがてそれまでの部分欲動が生殖活動として統合されて，成人の性愛が形成されていく。行動面でも自己を確立し，成熟した成人となっていくことが望まれる。

3. ユング

スイスの精神科医ユング（Jung, C. G.）は，はじめフロイトとともに精神分析の発展に貢献し，一時はフロイトから「跡継ぎ息子」とまで言われていた人ですが，後にフロイトの無意識やリビドー重視の考えに異を唱え，独自に**分析心理学**（Analytical Psychology）を完成させました。

(1) タイプ論

ユングは心理的エネルギーの流れる方向によって性格を**外向型**と**内向型**に分けました。また，図1-1-3のように物事を処理する心理機能として「思考」「感情」「感覚」「直感」の4つのタイプを考えました。思考とは物事を概念的に捉える機能，感情は物事の好き嫌いを決定する機能で，この2つは一定の判断をするという意味で合理的な機能といえます。一方，感覚は物事の存在を感知する機能，直感は物事の背後にある可能性を知覚する機能で，ともに判断を下さないという意味で非合理的機能といわれています。ただし，それらはお互いに対立するだけでなく，補い合う関係にあり，ある程度は誰もがもっている心理機能であると考えられています。

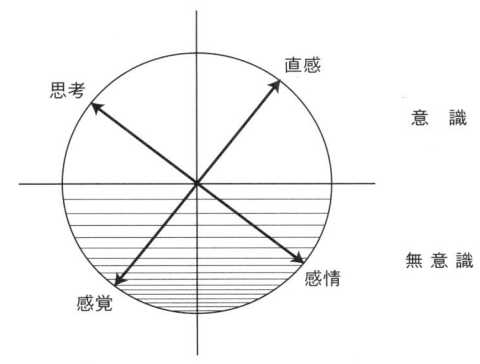

図 1-1-3　タイプの構造（河合，1967）

(2) コンプレックス

ユングは無意識を探る方法として**言語連想検査**を考案しました。これは100語からなる刺激語を提示し，そこから連想する言葉を被検者に言ってもらう検査で，反応の遅れや失敗を指標として個人の**コンプレックス**を探ろうとするものです。ここでいうコンプレックスは私たちが日常で使っている劣等感という意味ではなく，わだかまりや葛藤など心の中に抑圧された感情の複合体という意味で使われています。

(3) 集合的無意識と元型

ユングはフロイトのいう個人的無意識よりさらに深く人類に共通した無意識として**集合的無意識**（普遍的無意識）の存在を提唱し，それらは多くの神話，宗教儀式，あるいは個人の夢の中に**元型**（Archetype）として現れると考えました。

元型にはいくつかの種類がありますが，代表的なものとしては「**アニマ**」「**アニムス**」「**グレートマザー**」「**影**」などが挙げられます。アニマ（Anima）とは男性の無意識の中にある女性像，アニムス（Animus）とは女性の無意識の中にある男性像をさし，現実の異性関係に影響を与えます。グレートマザー（太母）とは母なるものをさす言葉で，「育て養う」という肯定的な側面と「抱え込み呑み込んでしまう」という否定的な側面を併せもっています。神話や昔話のなかでは女神，魔女，魔法使いなどのイメージとして現れ，現実の社会では過保護や溺愛タイプの母親として問題となります。影（Shadow）とは無意識のなかに取り残されて生きられなかったもうひとりの自分のことです。たとえば現実の人間関係の中で必要以上に相手を憎んだり拒否するときには，相手の心のなかに自分の影を見出していると考えることができます。この影との統合をテーマとした児童文学にル＝グイン（Le Guin, U. K.）の『ゲド戦記』があります。

4. ロジャーズ

クライエント中心療法の創始者であるロジャーズ（Rogers, C. R.）は独自の**自己理論**（Self Theory）を展開しました。図1-1-4はその中心となる自己概念と経験の一致・不一致についてまとめたものです。図のⅠは経験が自己概念と一致していて，経験がうまく自己の中に取り入れられている領域で，Ⅱは経験が歪められた形で取り入れられている領域です。そしてⅢは，経験が否認されて自己の中に取り入れられていない領域を指しています。

たとえば，好きな異性に振られてすっかり自信をなくしている人がいたとします。実際に異性に振られた経験はⅠの領域に自己イメージとして定着します。しかし，自分は何の魅力もないダメな人間だという思い込みは事実を極端に歪めて解釈しており，Ⅱの領域に取り入れられます。すると，あるとき別の異性から優しい声を掛けられても「それはたまたまの出来事で，決して自分に魅力があるわけではない」と考えⅢの領域に組み込まれてしまいます。

そこで，ロジャーズは自己概念と経験の一致度が低い左図の状態にあるクライエントを，両者の一致度が高い右図の状態へ近づけていくことが，心理療法（カウンセリング）の目的だと考えたのです。

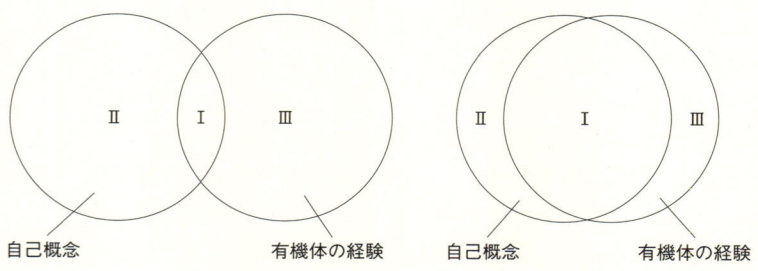

図1-1-4　自己概念と経験の一致・不一致（畠瀬，1990）

5. エリクソン

エリクソン（Erikson, E. H.）は，フロイトの精神分析的発達理論をベースに人間の精神発達を生まれてから死に至るまでの一生のプロセスとして論じました。各発達段階にはそれぞれ乗り越えなければならない課題があります（表1-1-4）。たとえば，乳幼児期（0～1歳頃）においては，基本的信頼感の確立が課題で，この獲得に失敗すると不信感が生まれ，将来の対人関係を広く障害することになります。その後，幼児期（1～3歳頃）になると自律性を養うことが課題となり，これに失敗すると無力さを体験し，疑惑や恥の感覚が生まれることになります。

このように各発達段階における課題を乗り越えることによって人はその最終段階である人格の統合をめざすことになるのですが，エリクソンは特に青年期（12歳～20歳頃）の発達課題として**アイデンティティ**（Identity：同一性）の確立を強調しました。アイデンティティとは，「自分が自分である」という明確な意識のことで，過去の自分と現在の自分が一貫して同じ人間であるという意識と，他者との関係のなかで自分は独自の存在であるという2つの側面から定義されます。青年期は急激な衝動性の高まりや期待される役割によって自己意識が混乱したり拡散（あれも自分，これも自分といったように自分に確信が

表 1-1-4　漸成発達の各発達段階（Erikson, 1982; 邦訳 1989）

発達段階	A 心理・性的な段階と様式	B 心理・社会的危機	C 重要な関係の範囲	D 基本的強さ	E 中核的病理 基本的な不協和傾向	F 関係する社会秩序の原理	G 統合的儀式化	H 儀式主義
Ⅰ 乳児期	口唇-呼吸器的, 感覚-筋肉運動的（取り入れ的）	基本的信頼 対 基本的不信	母親的人物	希望	引きこもり	宇宙的秩序	ヌミノース的	偶像崇拝
Ⅱ 幼児期初期	肛門-尿道的, 筋肉的（把持-排泄的）	自律性 対 恥, 疑惑	親的人物	意志	強迫	「法と秩序」	分別的（裁判的）	法律至上主義
Ⅲ 遊戯期	幼児-性器的, 移動的（侵入的, 包含的）	自主性 対 罪悪感	基本家族	目的	制止	理想の原型	演劇的	道徳主義
Ⅳ 学童期	「潜伏期」	勤勉性 対 劣等感	「近隣」, 学校	適格	不活発	技術的秩序	形式的	形式主義
Ⅴ 青年期	思春期	同一性 対 同一性の混乱	仲間集団と外集団：リーダーシップの諸モデル	忠誠	役割拒否	イデオロギー的世界観	イデオロギー的	トータリズム
Ⅵ 前成人期	性器期	親密 対 孤立	友情, 性愛, 競争, 協力の関係におけるパートナー	愛	排他性	協力と競争のパターン	提携的	エリート意識
Ⅶ 成人期	（子孫を生み出す）	生殖性 対 停滞性	（分担する）労働と（共有する）家庭	世話	拒否性	教育と伝統の思潮	世代継承的	権威至上主義
Ⅷ 老年期	（感性的モードの普遍化）	統合 対 絶望	「人類」「私の種族」	英知	侮辱	英知	哲学的	ドグマティズム

もてず，自己意識が一定しない状態）したりします。これを**同一性危機**といい，この危機を乗り越えるにあたって社会から個人に与えられる猶予期間を**モラトリアム**といいます。

6. ピアジェ

ピアジェ（Piajet, J.）は主に認知の発達について独創的な研究をした人です。たとえば，人は新しい事柄に出会ったとき，まず自分自身がすでにもっている概念や考えに沿ってそれを理解しようとしますが，それが難しいときは自分の考え方の方を変え物事を理解しようとします。彼はこれを**同化**（対象を取り込みやすい形に変えること）と**調節**（自己を対象に合わせて変えること）とよびました。

また，ピアジェはさまざまな研究を通じて，表 1-1-5 のような認知機能の発達段階を提唱しました。特に前操作期にみられる自己の視点でしか物事をとらえられないことを**中心化**とよび，物事を多面的・総合的にとらえられるようになることを**脱中心化**とよびました。

たとえば，図 1-1-5 のような 2 種類の容器があった場合，4・5 歳の子どもは右の容器の水を左の容器に移しかえて水面の高さが低くなると水の量が減ったと考えますが，保存の概念が完成する 6・7 歳頃になると量は同じであることが理解できるようになります。ただし，重さの保存概念は 9 歳頃にならないと完成しません。

表 1-1-5　認知機能の発達段階

発達段階	説　明
感覚運動的知能の時期 （0～2歳頃）	感覚と運動の協応によって外界に適応し，新しい行動様式を習得していく。
前操作期 （2～7, 8歳頃）	外界の事物を内的な表象（イメージ）としてとらえることができるようになる。
具体的操作期 （7, 8歳～11, 12歳）	脱中心化が進み，事象について一貫して論理的に考えることができるようになる。
形式的操作期 （11, 12歳～）	抽象的な思考，仮説演繹的（仮説→検証→修正）な思考が可能になる。

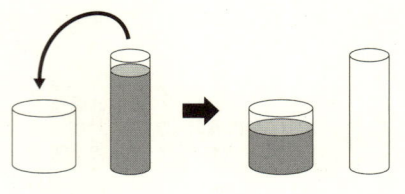

図 1-1-5　知覚的直感の実験

7. その他

　これまでに述べたパーソナリティ理論や発達理論の他にも，臨床心理学に関連した理論としてマーラー（Mahler, M.）の分離‐個体化理論，コフート（Kohut, H.）の自己心理学理論，クライン（Klein, M.）やウィニコット（Winnicott, D. W.）の対象関係論など，さまざまな理論があります。ここではそれら一つひとつについて詳しく紹介する紙面はありませんので，他の専門書を参考に理解を深めて下さい。

6　ご近所との関係（近接領域）

　ここでいうご近所とは，臨床心理学と関連が深い学問領域のことを指しています。臨床心理学は図 1-1-6 のように，さまざまな学問と関連しています。なかでも精神医学や教育学，社会福祉学などとの関係は深く，相互に緊密な連携を保ちながら発展してきました。
　近年，連携の重要性が指摘されているのは，臨床心理学に限った話ではありません。世の中が複雑化すればするほど，他分野との連携なしには解決できない問題が山積みなので

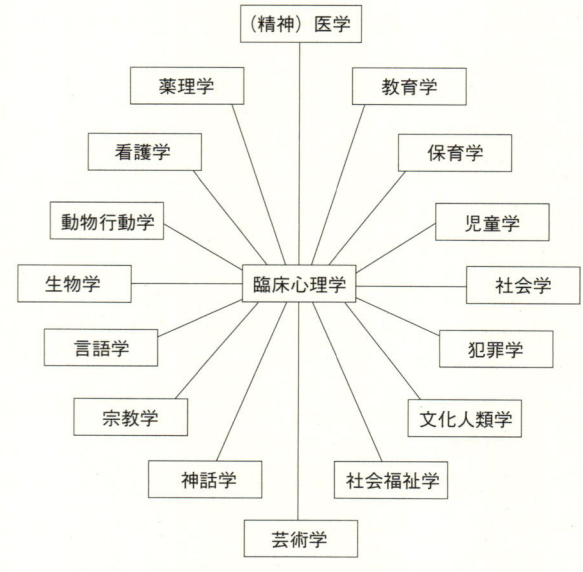

図 1-1-6　臨床心理学とその近接領域

す。たとえば，児童虐待やいじめの問題に対処するためには，学校，家庭，児童相談所，警察，医療機関などがお互いに専門領域の垣根を越えて連携し，対応することの重要性が指摘されています。

7 心の仕事（職務内容と資格）

(1) 職域と職務内容

臨床心理学を学んだ人々は心の専門家としてさまざまな分野で活躍しています（表1-1-6）。仕事の内容は働く職域によって異なりますが，おおむね心理アセスメント（査定），心理面接（心理療法），臨床心理地域援助，臨床心理学的研究に分けることができます。

心理アセスメントとは心理面接や各種心理検査を用いて事例に対する見立てをすることをいい，心理面接とは各種心理療法や心理教育を用いてクライエントの社会適応を高めて

表1-1-6 心理臨床家の職域と仕事内容

職　域	職務内容
医療・保健 （病院，診療所，精神保健福祉センター，保健所，精神保健福祉センター，デイケアセンター，老人保健施設など）	主に精神疾患にかかっている人や不適応状態に陥っている人，あるいはその家族に対する心理面接や心理アセスメント，コンサルテーションなどを担当する。近年は，がん医療，HIV医療，遺伝医療，生殖医療，周産期医療，臓器移植医療などの先端医療にも活躍の場が広がっている。
福祉 （児童相談所，児童福祉施設，福祉事務所，子育て支援センター，老人福祉施設，女性相談センター，心身障害者福祉センター，授産所など）	主に利用者およびその家族などへの心理教育，相談援助，コンサルテーションなどを担当する。特に「児童虐待防止法」が改正施行された2004年以降は，上級地方公務員の行政職としての採用が多かった公務員心理職を免許資格職として別途採用する地方自治体が増加している。
司法・矯正 （家庭裁判所，少年院，少年鑑別所，刑務所，保護観察所，児童自立支援施設，拘置所，科学警察研究所，犯罪被害者等相談窓口など）	主に家事事件・少年事件の調査，保護観察の指導監督，審判・処遇の鑑別などを職務とする。「刑事収容施設法」が施行された2006年以降，薬物依存症者や性犯罪者などに対する指導にも参画している。また，近年は科学警察研究所や科学捜査研究所におけるプロファイリングや犯罪被害者等支援，裁判員支援にも従事するようになった。
教育 （学校，教育センター，適応指導教室，各種教育相談機関など）	主に児童・生徒・学生本人に対する心理面接，保護者や教職員，あるいは他機関への助言・援助などのコンサルテーションを主な職務としている。近年はクライシス・レスポンス・チーム（CRT）の一員として緊急時の心のケアに従事することも多くなってきた。
労働・産業 （企業内の健康管理センター，ハローワーク，障害者職業センターなど）	主に労働者本人への心理面接や心理アセスメント，職場の管理職や人事担当者へのコンサルテーション，休職者の復職に向けた心理的援助，心理教育などを担当する。「労働契約法」が施行された2008年以降，リスクマネジメントとしての従業員支援プログラム（EAP）などにも従事するようになった。
開業 （私設のカウンセリングルームや臨床心理研究所など）	子どもから高齢者に至るまで幅広い人を対象としてさまざまな心理的問題に対する心理面接や心理アセスメントを行う他，研究会やセミナーを主催することもある。マンションの一室などで個人開業をする場合と，何人かのスタッフを抱え会社の形態をとる場合がある。
学術・研究 （大学，研究所，シンクタンク，各種学術研究機関など）	主な職務は学術研究であるが，臨床心理学という学問の性質上，多くの研究者は臨床の現場経験を有していたり，実際に業務につきながら研究に従事している場合が多い。また，講演などを通してその成果を広く社会に披露したり，教育者として後進の指導にあたることも職務としている。

いく作業のことを指します。臨床心理学的地域援助とは，家族，学校，職場，社会などのコミュニティに対し，コンサルテーションや心理教育などを用いて行われる援助業務をいい，臨床心理学的研究は，臨床家が所属する職能団体や研究団体において行う人間心理に関する研究活動を指します。

(2) 資　格

現在日本には，**臨床心理士**，交流分析士，論理療法士，臨床発達心理士，行動療法士，学校心理士，家族相談士，認定カウンセラー，産業カウンセラー，キャリア・カウンセラー，催眠技能士，応用心理士，健康心理士，教育カウンセラー，精神対話士，音楽療法士など多くの臨床心理学関連の資格があり，まさに百花繚乱の感があります。

なかでも臨床心理士は1988年に資格制度が開始され，2011年現在2万人以上が資格を取得し，社会的にも広く認知されています。また，資格を取得するためには，大学院の修士課程を修了した後に試験に合格する必要があり，難易度の高い資格となっています。

こうした臨床心理学関連の資格については長年国家資格化の運動が続けられており，近い将来，その実現が期待されているところです。

8　やっていいこと悪いこと（倫理）

臨床心理の専門家は**倫理綱領**（倫理規範をまとめて列挙したもの）にしたがってクライエントの権利をどのように守るかをつねに考える必要があります。たとえば，セラピストには守秘義務が課せられており，業務上知り得たクライエントの個人情報を他者に漏らすことは許されていません。では，クライエントが自殺や犯罪の可能性をほのめかした場合，セラピストはどのように対処すれば良いでしょうか。

こうした問題に対処するために各学会は独自に倫理綱領を設けています。表1-1-7は日本心理臨床学会の倫理綱領です。少々難しい用語が使われていますが，これを読むと専門家には厳しい倫理規範が課せられていることがわかります。

そして，このような倫理規定に違反した場合，その臨床家には何らかのペナルティが課せられる場合があります。たとえば，臨床心理士の場合，著しい欠格があると思われる者については日本臨床心理士資格認定協会によって「厳重注意」「一定期間の登録停止」「登録の抹消」のいずれかの処置が下されることになります。

また，近年は研究倫理についても厳しい基準が設けられ，たとえばアンケート調査を行う際にも被検者のプライバシーや権利を十分に守ることが求められています。こうした問題に対処するため多くの研究機関には**倫理委員会**が設置されています。研究者は研究計画を所属機関の倫理委員会で承認されて初めて研究に取り組むことができるのです。

表 1-1-7　心理臨床学会倫理綱領

前文
　本会会員は，その臨床活動及び研究によって得られた知識と技能を人々の心の健康増進のために用いるよう努めるものである。そのため会員は，常に自らの専門的な臨床業務及びその研究が人々の生活に重大な影響を与えるものであるという社会的責任を自覚し，以下の綱領を遵守する義務を負うものである。

(責任)
第1条　会員は，自らの専門的業務の及ぼす結果に責任をもたなければならない。
2　会員は，その業務の遂行に際しては，対象者の人権尊重を第一義と心得て，個人的，組織的及び政治的な目的のためにこれを行ってはならない。

(技能)
第2条　会員は，訓練と経験によって的確と認められた技能によって，対象者に援助・介入を行うものである。
2　会員は，前項の援助・介入を行うため，常にその知識と技術を研鑽し，高度の技術水準を保つように努めるとともに，自らの能力と技術の限界についても十分にわきまえておかなければならない。

(査定技法)
第3条　会員は，対象者の人権に留意し，査定を強制し，若しくはその技法をみだりに使用し，又はその査定結果が誤用され，若しくは悪用されないように配慮を怠ってはならない。
2　会員は，査定技法の開発，出版又は利用に際し，その用具や説明書等をみだりに頒布することを慎まなければならない。また，心理検査や査定に関する不適切な出版物や情報によって，査定技法やその結果が誤用・悪用されることがないよう注意しなければならない。

(援助・介入技法)
第4条　会員は，臨床業務を自らの専門的能力の範囲内で行い，対象者が最善の専門的援助を受けられるように常に能力向上に努めなければならない。
2　会員は，自らの影響力や私的欲求を常に自覚し，対象者の信頼感又は依存心を不当に利用しないように留意しなければならない。
3　会員は，臨床業務を行う場合においては，職業的関係のなかでのみこれを行い，対象者又は関係者との間に私的関係をもってはならない。

(研究)
第5条　会員は，臨床心理学に関する研究に際して，対象者又は関係者の心身に不必要な負担を掛け，又は苦痛若しくは不利益をもたらすことを行ってはならない。
2　会員は，その研究が臨床業務の遂行に支障を来さないように留意し，対象者又は関係者に可能な限りその目的を告げて，同意を得た上で行わなければならない。
3　会員は，その研究の立案・計画・実施・報告などの過程において，研究データの記録保持や厳正な取り扱いを徹底し，捏造，改ざん，盗用，二重投稿などの不正行為を行ってはならず，またそのような行為に加担してはならない。

(秘密保持)
第6条　会員は，臨床業務上知り得た事項に関しては，専門家としての判断の下に必要と認めた以外の内容を他に漏らしてはならない。
2　会員は，事例又は研究の公表に際して特定個人の資料を用いる場合には，対象者の秘密を保護する責任をもたなくてはならない。会員をやめた後も，同様とする。

(公開と説明)
第7条　会員は，一般の人々に対して心理学的知識又は専門的意見を公開する場合には，公開者の権威又は公開内容について誇張がないようにし，公正を期さなければならない。
2　会員は，前項の規定による公開が商業的な宣伝又は広告の場合には，その社会的影響について責任がもてるものであることを条件としなければならない。
3　会員は，自らが携わる研究の意義と役割を充分に認識し，その結果を公表し，その意義について説明するように努めなければならない。

(他者との関係)
第8条　会員は，他の専門職の権利及び技術を尊重し，相互の連携に配慮するとともに，その業務遂行に支障を及ぼさないように心掛けなければならない。
2　会員は，他者の知的成果を適切に評価すると同時に，自らの研究に対する批判には謙虚に耳を傾け，誠実な態度で意見を交え，相互の名誉や知的財産権を尊重しなければならない。

(記録の保管)
第9条　会員は，対象者の記録を5年間保存しておかなければならない。

(倫理の遵守)
第10条　会員は，この倫理綱領を十分に理解し，これに違反することがないように常に注意しなければならない。
2　会員は，違反の申告が発生したときは，倫理委員会の調査を受ける場合がある。

(補則)
第11条　この綱領の具体的な倫理基準は，理事長が別に定める。

文　献

秋山誠一郎　1979　臨床心理学の歴史　藤永　保ほか（編）臨床心理学　有斐閣
Erikson, E. H.　1982　*The life cycle completed: A review.* W. W. Norton.（村瀬孝雄・近藤邦夫（訳）1989　ライフサイクル，その完結　みすず書房）
畠瀬　稔　1990　クライエント中心療法　小此木啓吾他（編）臨床心理学体系第7巻　心理療法1　金子書房
河合隼雄　1967　ユング心理学入門　培風館
前田重治　1985　図説臨床精神分析学　誠信書房
日本臨床心理士資格認定協会　2009　平成21年度版臨床心理士関係例規集　財団法人日本臨床心理士資格認定協会

心を知る
― 心理アセスメント ―

1　心理アセスメントって何？

　心理アセスメント，聞き慣れない言葉ですね。心理アセスメントとは「面接や観察，各種の心理検査などによって，その人をよく知り，どのような援助のしかたが適切であるかを総合的に判断すること」とおおよそ定義されます。
　といってもまだピンとこないかもしれません。でも，これはけっして特別なことではありません。むしろ私たちが日常しばしばやっていることだと言ってもいいでしょう。
　もし，皆さんの友達が何か心の悩みを抱えているようだと思ったら，皆さんはどうしますか。いきなり「元気を出して」と励ましますか？　そっと傍で見守りますか？　それでうまくいく場合もあるかもしれませんが，もし友達がもう少し深刻な悩みを抱えているときにはそれだけではうまくいきません。まずは友達のそばに寄り添って，その様子をしっかり見ながら，何に悩んでいるのかを聞き取り，そしてそれを解決する方法を一緒に考えていくことが必要でしょう。つまり，その人のことをさまざまな方法によって「よく知り」その上で「どのような助け」が必要かを見極めていこうとすることが大切です。このように心の悩みを解決するためのより良い方法を探していくために，その人のことを知り，どのように援助したらよいのかを見極めていくことが心理アセスメントなのです。
　ところで，一口に，その人を知り，どのように援助をすればよいかを考えると言っても実は簡単ではありません。皆さんも友達の悩みを聞いて，どうしてあげたらよいかと戸惑った経験があるでしょう。あるいは自分が心の問題を抱えていてどうしたらいいだろうかと悩んだことがあるかもしれません。心の悩みというものは一人ひとり違っていて，簡単には解決する方法が見つからない場合もあります。まず「その人をよく知る」ということから考えてみましょう。ここでいう「知る」ということは，ただ知識や情報として知るということではなく，その人の痛みを感じとることです。
　司馬遼太郎という作家は「二十一世紀に生きる君たちへ」という本の中で次のようなことを書いています。

　　　自然物としての人間は決して孤立して生きられるようにはつくられていない。このため助け合うということが人間にとって大きな道徳になっている。助け合うという気持ちや行動のもとは，いたわりという感情である。他人の痛みを感じとることと言ってもいい。やさしさと言いかえてもいい。

『いたわり』
『他人の痛みを感じること』
『やさしさ』
　みな似たようなことばである。この３つの言葉はもとは一つの根からでているのである。根といっても**本能ではない。だから私たちは訓練をしてそれを身につけなければならない**。その訓練とは，簡単なことである。例えば，友だちがころぶ。ああ痛かったろうな，と感じる気持ちを，そのつど自分の中でつくりあげていきさえすればよい。

　教科書にも載っている文章ですから皆さんも読んだことがあるかもしれません。司馬遼太郎が言うように「他人の痛みを感じとる」ことは，ただその気になればできるものではありません。やはり訓練が必要なのです。

　先に述べたように，心理アセスメントとは臨床心理学の一分野として「心の悩みをもつ人をよく知り，適切な援助の方法を判断する」ことですが，それには，人への「いたわり」「他人の痛みを感じとること」「やさしさ」を身につけていくことが求められます。他人の痛みを知り，感じとる，そしてどうしたらその痛みを和らげることができるか，その方法を考えることが心理アセスメントだと言えるでしょう。そのために臨床心理学の知識や技術を用いて悩みをもつ人をよりいっそう深く理解していくことをめざします。心理アセスメントのためにはさまざまな心理学や医学，とくに臨床心理学や精神医学，社会福祉学の知識や技術の学習や修得が必要とされます。

2　心理アセスメントの流れ

　実際に心理アセスメントはどのように進められるのでしょうか？　心理アセスメントが行われる具体的な場面を挙げてみましょう。

　　大学４回生のＡさんが進路についてカウンセラーに相談にきました。絵を描くことが好きなＡさんは，将来アート関係の仕事につきたいと思っていますが，両親は安定した会社への就職や公務員になることを薦めています。Ａさんは，将来のことを考えだすと，絵を描いても楽しくなくなり，自分の能力にも自信がもてません。一方で就職活動にも身が入らず，気持ちが落ち込んでなにをするのもいやになってきました。

　　小学３年生のＢちゃんがお母さんに連れられて相談室にやってきました。Ｂちゃんは教室でじっと座って勉強することができません。先生に叱られると素直にすぐ従いますが，数分後にはまたそわそわし始めます。ある日，Ｂちゃんが急に怒り出して理由なく他の子を叩くという出来事があって，担任の先生からＢちゃんの行動を落ちつけるために相談機関に行くように勧められました。

　　高校生のＣさんは友人との対人関係がうまくいかなくて悩んでいます。中学生までは誰とでもすぐ仲良くなれたＣさんでしたが，高校生になって，友だちと話をしていても気持ちが通じず，こころから打ち解けられないような気がして自然と友人を避けるように

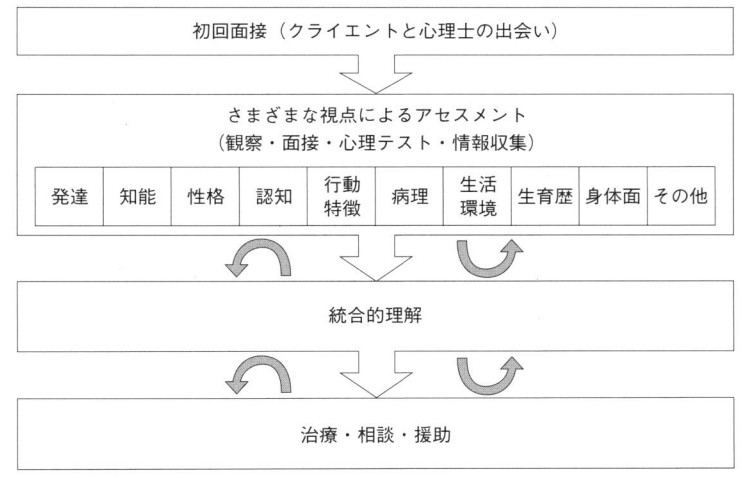

図 1-2-1　心理アセスメントの流れ（石垣，2001 を一部改変）

なってきました。学校でも一人でいることが多くなり，学校へ行くことがつらくなり，休みがちになってきました。

　心理アセスメントとは，最初に述べたようにこころの悩みや問題で相談に来た人（クライエント）の悩みや問題の本質をよく知り，それを理解して，どのような援助，相談・治療の方法が適切であるかを判断することです。今述べた A さん，B ちゃん，C さんについてはどのようなアセスメントが考えられるでしょう。A さんについては，まず A さんがそれほど進路の選択に迷うのはなぜでしょうか？　A さんのもともとの性格や家族関係，あるいは落ち込みの程度などを詳しく知る必要があります。B ちゃんについては，学校や家庭での生活や行動のようす，学校と家庭での行動の違い，これまでの成長過程，知的，情緒的な発達の段階などについても知り，それらをあわせてアセスメントしていくことが求められます。C さんはどうでしょう。C さんがいま直面している問題は，対人関係がうまくいかない，学校を休みがちなことですが，どうしてそのような問題が起こってきたのか，もっと話をきく必要がありそうです。

　それぞれのクライエントにとってアセスメントのポイントは異なります。その人を理解するために最も必要な情報を得ていくことが大切です。

　心理アセスメントにおいてはさまざまな視点からのアセスメントが求められます。図1-2-1 に示すように，発達，知能，性格，認知，行動特徴，病理（こころの病との関連），家庭・学校・社会環境などの生活環境，成育歴，身体的な側面などさまざまな視点からの情報収集を行い，その人の問題を理解していきます。図 1-2-1 に示すようにそれらは 1 回限りのものではなく，何度もフィードバックを繰り返しつつ，適切な援助方法を探っていくことになります。

3　心理アセスメントの方法

1. 観　　察

　皆さんは小学生の頃，夏休みの宿題などで「朝顔の観察」をしたことがあるでしょう。

毎日観察をしていると，日頃とくに注意していなければ気づかないことも「芽が出た，小さな双葉が出てきた，茎やつるが伸びてきた，つぼみができて，1つ花が咲いた，2つ咲いた……」というように，成長過程の細かいところにも気がつき，それを発見するとうれしかったことでしょう。私たちは観察をすることによって物事をより詳しく細かく知ることができます。また，観察を続けていると，毎日朝顔が少しずつ変化し成長していくことが楽しみになった人もいるでしょう。

観察とは国語辞典によれば「物事の様相をありのままに詳しく見極め，そこにある種々の事情を知ること（大辞林）」です。観察の対象が「物」でも「動物」でも「人」でも，それは最も身近な理解の手段です。人を対象とする場合も，私たちは誰かと出会ったときには，まずはお互いに観察しあっているといえるでしょう。観察しあっていると言うと，ことばとしてはどこか冷たい感じがしますが，心理アセスメントにおける観察はそうではありません。

心理アセスメントにおける観察とは，その人をよく知り，痛みを感じとることです。では，実際にどのように行われるのでしょう。

　　ある少年が母親に連れられて相談にやってきました。少年はどうも母親に言われてしぶしぶついてきたようです。相談室に入って母親のとなりに座ったものの，下を向いたまま何も話そうとはしません。心理士は少年に語りかけますが少年は何も答えてくれません。母親は「少年が中学2年生の2学期から急に学校に行かなくなった。家で一日中ゲームばかりしている。父や母が学校へ行くように強く言うと，初めは黙って聞いているが突然怒りだして暴れだす。先日はついに父親と殴り合いのケンカになってしまった」と困り切った様子で話されます。少年は母親が心理士に話す言葉にはじっと耳を傾けているようです。

皆さんはこの少年をどのように理解されたでしょうか。えっ？　少年は何も話していないのだから理解するのは無理だろうと思われますか。たしかにこの少年を理解するためにはもっと少年自身の口からいろいろ話してもらいたいですね。しかし，目の前にいる少年は言葉では語らなくとも，行動や態度でその気持ちを表しています。人は「ことば」で

表1-2-1　非言語的コミュニケーション行動のリスト

外観	服装（派手・地味・きちんとしている・だらしない・おしゃれしている） 髪型（手入れしている・手入れしていない・染めている） 化粧（していない・濃い・薄い） 表情（豊か・よく変わる・無表情・顔に出さない）
声の調子・話し方	口調（明瞭・不明瞭・弱々しい・子どもっぽい・抑揚がない） 速さ（ゆっくりしている・早口） 声の大きさ（大きい・小さい・かん高い） ことばづかい（ていねい・ぞんざい・まわりくどい）
態度・行動	姿勢（うつむく・身をのりだす・かたくなる・腕や足をくむ・頬づえをつく） 行動（おどおどしている・おちつかない・緊張している・堂々としている・落ち着いている・小さくなっている・泣き出しそう） くせや反復行動（爪を噛む・貧乏ゆすりをする）
他者との距離	離れて座る・くっついて座る・背中をむける
時間やルール	遅れてくる・早く来すぎる・時間を気にする

は語らなくとも，表情や態度などでさまざまなことを語っています。そのようなコミュニケーションのあり方を**非言語的コミュニケーション**とよびます。具体的にはどのような行動を観察するのでしょうか。表1-2-1に相談場面で観察の目安となる非言語的コミュニケーション行動の一部を示しました。

　人は服装や髪形，あるいは声の調子や話し方でずいぶん印象が変わるものです。ていねいにゆっくりと話す人は落ち着いた印象を与えます。せかせかと早口でしゃべる人は不安げに見えます。無表情で一本調子に話す人は少しとっつきにくいですね。このような態度や外観などは雄弁にクライエントの状況を伝えてくれることも多いものです。ただし，逆に外見だけで間違った印象を持ってしまうこともありますから注意しなければいけません。

　　　相談室にきたこの少年は，母親のそばでじっとうつむいて，母親の話しに何も口をはさみません。この少年のかたくなな態度や行動から，口には出さないものの母親に対する抵抗が感じられますが，まったく反論しない気の弱さや従順さもうかがえます。少年は最後まで我慢して母親のそばを離れることがありませんでした。母親に対する少年の気持ちははっきりしません。気が進まなかったにせよ，少年が相談に来たことは少年の行動の変化のなんらかのきっかけになるかもしれません。

　心理アセスメントはその人をよく知ること，痛みや気持ちを感じとることだと述べました。観察は外側から見ているだけと思いがちですが，漫然と見ているだけでは，人の行動の意味は充分にはわかりません。詳細にありのままに物事を観るとともに想像力（imagination）を働かせて，その人のこころの内側も観ることが必要です。

　この少年はどのような気持ちを感じていたのでしょうか。少年の様子からその気持ちを想像してみましょう。

　少年の気持ちとしては，「早くここから逃げ出したい」「（母親について来たことを）後悔している」「これからどうなるか心配」「なんだか自分に腹が立っている」などいろいろと想像できます。あるいは「なにか解決策がみつかるかもしれない」と期待しているかもしれません。

　心理士は，少年が小さくなって母親の言葉をじっと我慢している聞いている様子を見て，「学校に行かないことや急に暴れだすなど少年の行動にはなにか原因や理由があるのだろう。しかし，この少年は今この場で自分の思っていることや感じていることを口に出して表さないように，学校や家庭でも自分の気持ちをうまく人に言えないのではないだろうか。まずは少年が自分の気持ちに気づき，それを話せるようになることが大事だろう」と考えました。

　これが心理アセスメントの第一歩です。クライエントをよく知るということには，よく観察をするとともに，その人の気持ちを感じとることが求められます。

2. 面　　接

　人のこころを「よく知る」には，その人の話を「よくきく」ことが大切です。心理アセスメントにおける**面接**は，クライエントと心理士のこころの出会いのはじまりといってもいいでしょう。先ほど述べた母親に連れられていやいや相談機関にやってきた少年は最初は面接室に入っても心理士の問いかけに何も返事をしませんでした。しかし，心理士が少年のかたくなな態度を受けとめていくうちに，次第に彼は両親の強引さに対する怒りや不

本意ながらもここに来た気持ちを話し，学校での友人関係のトラブル，親への反発心，そして自分自身の自信のなさなどについて語りました。このように面接によって，その人のこころの内側をより深く知り，問題解決のためにどのような援助が適切なのかを判断していきます。

　もし皆さんがだれかに相談をしようとするとき，どういう人なら自分のこころの内を打ち明けてみようという気になるでしょうか。自分の話をよく聞いてくれて，気持ちを受け入れてくれる人，あるいはこの人なら信頼できると思える人ではないでしょうか。そうでなければ心の悩みを打ち明けて相談しようとは思わないですね。

　心理アセスメントでは，心理アセスメントをする心理士とクライエント（相談に来た人）の信頼関係をつくることが非常に重要です。これは継続的な心理治療や心理相談でも同じですが，心理アセスメントにおいても，その人の真意を知り，正確な情報を得て，これからの相談や援助の方針や見通しを立てるために重要です。

　信頼関係をつくるためには話しをよく「きくこと」がもっとも大切です。今「きくこと」とひらがなで書きましたが，日本語の「きく」には「聞く」「聴く」「訊く」などと少しずつ違った意味があります。

　「聞く」は，耳に入った声を聞き分けるとか，聞こえてくるという意味で，どちらかと言えば客観的な聞き方をさします。

　「聴く」は，耳を傾けてよく聴き，気持ちをわかろうとするという意味で，共感的な聴き方と言えるでしょう。

　「訊く」は，尋ねる，問いただす，質問することです。

　心理カウンセリングでは聴くこと，すなわち傾聴がもっとも重視されますが，心理アセスメントではこの3つの「ききかた」のすべてが大切です。「気持ちを聞き取る」「痛みを感じとる」ためには客観的にその人を知ることも必要だからです。また，知らなければ理解できないこともたくさんあります。

　たとえば最初に述べたAさんはどうでしょうか。自分の進路に迷うということは誰でもあることです。多くの人が迷いながらも決断して行きます。Aさんが気持ちが落ち込んでなにもやる気がなくなるまでになったのはどうしてなのでしょうか。Aさんに決断力が足りなかったのでしょうか？　Aさんの話を詳しく聴いてみましょう。

　　Aさんは小さなころからしっかりした子どもでした。Aさんには知的な障害のある妹がおり，母親は家族の世話，家業の切りまわし，妹の養育などでいつも手いっぱいでした。そういう環境にあってAさんはできるだけ人に頼ることなく自分のことは自分でし，妹の世話や母の手伝いも積極的にやってきました。家族も自然とそのようなAさんに頼り，またAさん自身もその役割を果たすことに満足していました。Aさんのただひとつの楽しみは絵を描くことでした。そんなしっかり者のAさんは落ち込んでいる自分にとまどっています。

　Aさんは早くから家族のなかでの自分の役割を自覚し，家族の期待に応えて頑張ってきたようです。でも，ほかならぬ自分自身がいったい何を望んでいるのか，どのように生きたいのかは自分のなかでまだはっきりしていないのではないでしょうか？　これからAさん自身が自分の内面に向きあっていかなければなりません。これまで家族のためにと一途に思い続けてきたAさんにとって自分中心にものごとを考えることはとても難しいこ

となのでしょう。Aさんの家族関係やこれまでの生い立ちをきくことは，今のAさんを理解するために不可欠なことです。私たちは初めから人のこころを思い遣ったり，共感できるわけではありません。クライエントの話をよく聞いて自分の経験や考えと照らし合わせながらようやくそれを受けとめていくことが可能になるのです。

3. さまざまな情報をききとる

「こころの悩みや問題」を解決していくためには，その人が今，生活している状況を詳しく知ることも大切です。そのひとの生い立ち，家族や友人その他の人間関係，経済的な状態，生活・社会環境，あるいは病気や健康状態など身体面などに関する情報を得ることも非常に重要です。観察，面接，社会生活環境・身体などに関するさまざまな情報をあわせて，初めて「知る」ことが可能になるといえます。

4. 心理検査

「面接」や「観察」では面接者や観察者の主観的な見方が影響します。できるだけ客観的にその人を知るために心理アセスメントでは**心理検査**を利用することがあります。皆さんのなかには心理検査に関心や興味のある人も多いことでしょう。心理検査にはさまざまな種類があり，大きく分けると主として知的な能力を検査する知能検査や発達検査，主として性格や対人関係などを検査する質問紙法性格検査，投影法性格検査などがあります。実際に心理検査を用いて心理アセスメントを行うときには，複数の心理検査を組み合わせて実施する場合が多いです。ここでは代表的な心理検査法について述べていきます（表1-2-2）。

表1-2-2　心理検査の種類と分類

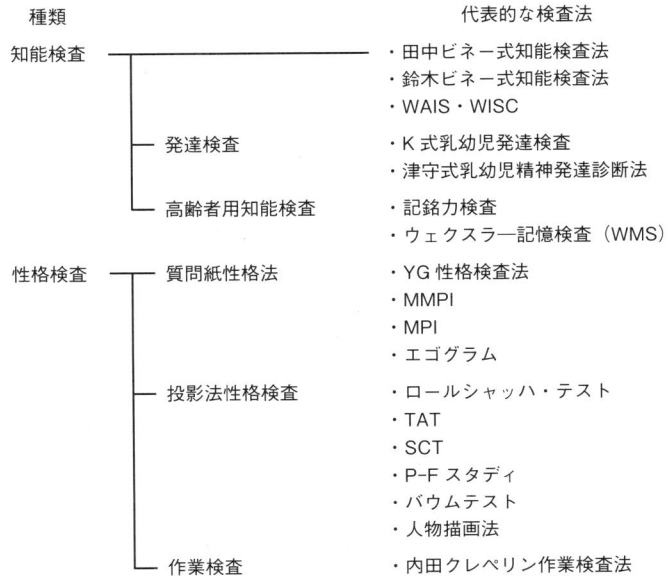

5. 知能検査

知能検査というと知能指数（IQ）ということばを思い浮かべる人が多いかもしれませ

ん。IQということばが独り歩きして**知能検査**についての誤解を生んでいるともいえるでしょう。知能という概念はたいへん幅広く，人間の知的な能力のさまざまな側面を総称することばです。IQのみで簡単に表されるものではありません。

知能検査では，知識，言語的な理解力，言語表現力，推理力，記憶力，判断力，図形の認知力，集中力など種々の能力を測定します。知能検査には表1-1-2に示したものの他にもたくさんの種類があり，また，目的に応じて特定の能力を測定する検査法もあります。

田中・ビネー知能検査法を作った田中寛一という教育学者は知能検査の必要性について次のように述べています。

> 2つの盆の上に，5個と10個の卵がのせられていた。ひと目でどちらが多いかはわかる。けれども5個と10個を確認するためには何らかの方法でそれをかぞえなければならない。直観にはわかる限度というものがある。（中略）…教師が子どもを観察する時も子どもを正しく観る必要がある。直観はしばしば誤りがある。その原因は直観する人の目に誤りがある場合と子ども自身のもつ人格の複雑さにもよる。…大切なことは人間の能力をはっきり知るためには直観ばかりにたよらずに客観的な分析をしてみることである（1959年田中教育研究所々報より）。

知能検査は絶対的なものではありません。しかし一方，教師や指導者，周囲の人などの経験や直観による評価も決して客観的なものとはいえません。正しいアセスメントのためには両方が必要であると考えられます。IQだけを知ってその人の能力を分類するのではなく，知能検査をすることによって，その人の得手な面，不得手な面を知ることや，何が学習して行く上での妨げになっているのか，どのような学習・指導方法が適切かなどを知り，学習・教育に活かしていくことやその人の成長や発達に役立てることができるのです。あるいは認知症などによって後天的に知的な能力に低下をきたすような場合にも，知能検査などをすることによって，診断に寄与したり，あるいは援助の方法や指針を示すことができます。

> Bちゃんに目的を説明していくつかの知能テスト等を実施しました。テスト場面では途中で気が散ることはほとんどありませんでした。その結果，全般的な知能水準については平均のレベルであること，ただし問題によって成績に著しいむらがあり，とくに算数問題や数唱問題（数字の記憶）および理解問題（日常的な問題や社会的ルールに関する質問）の成績が低いことが認められました。これらのことやその他の検査結果を含めて，Bちゃんは年齢相応な知的な能力があるものの，算数問題や数唱問題（いずれも問題を聞いて答える）のような耳から入る情報の処理が苦手なこと，ことばでうまく表現することが難しいことがわかりました。おそらくこれらのことが，教室場面での落ち着かなさや唐突な行動と関連していると推定されます。

このように知能検査では全般的な知的能力の把握ができるとともに，知能の個別的要因を精査していくことができます。その結果をもとに，クライエントの行動の理解を深め，学習や指導に役立てていくことができ，今後の見通しや指針を得ていくことが可能になります。

6. 質問紙法性格検査

　性格検査にはたくさんの種類があります。大きく分類すると**質問紙法性格検査**と投影法性格検査に分けられます。質問紙法性格検査とは，性格行動特徴に関するたくさんの質問に対して自分で「当てはまる」「当てはまらない」「わからない，どちらともいえない」などと答えていき性格の全体的な傾向をつかもうとするものです。つまり自分で自分の性格を細かく判断していくわけです。

(1) YG 性格検査

　YG 性格検査法は広く用いられている検査法で性格の全体像を把握することができます。たとえば以下のような質問が 120 個挙げられており，各質問について自分にあてはまるかを「はい」「？」「いいえ」で答えていきます。

・周囲の人とうまく調子をあわせていく
・何でもよく考えてみないと気がすまない
・劣等感に悩まされる
・たびたび物思いに沈むことがある
・気が短い
・のんきなたちである

　結果は〈D：抑うつ性〉〈C：回帰性傾向〉〈I：劣等感の強いこと〉〈N：神経質〉〈O：客観的でないこと〉〈Co：協調的でないこと〉〈Ag：愛想の悪いこと〉〈G：一般的活動性〉〈R：のんきさ〉〈T：思考的外向〉〈A：支配性〉〈S：社会的外向〉の 12 の性格特徴別に得点化され，図 1-2-2 のようなプロフィールが描き出されます。図の右側にいくほどこれらの特徴傾向が強くなります。このプロフィールが主に A, B, C, D, E 型のタイプ，サブタイプに判定分類され，性格的特徴が類型的に示されます。

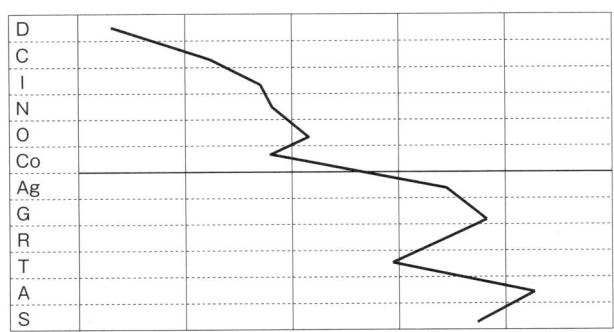

図 1-2-2　YG 性格検査のプロフィール

　たとえばこのプロフィールは抑うつ性や劣等感が低く，活動性や社会的な外向性が高いリーダーなどに適したDタイプであると判定されます。

(2) エゴグラム

　エゴグラムは主に対人関係のあり方に焦点を当てた性格検査で，以下のような質問に「はい」「どちらでもない」「いいえ」のいずれかで答えていきます。

・他人の言うことに左右されやすい
・目標が高いと言われる
・みんなとにぎやかにさわぐのが好きだ

・論理的であると言われる
・他人の世話をよくやく　など30個の質問。

エゴグラムでは，自我状態をCP（批判的親），NP（養育的親），A（成人），FC（自由な子ども），AC（順応した子ども）の5つの機能に分け，それぞれがどのように作用しているかをみます。この5つの機能を図1-2-3のような棒グラフに表して，そのパターンが分類され，性格特性が判断されます。たとえば図1-2-3のパターンはNPとACが同程度に高く，相対的にCPとFCが低いものでN型Ⅱと呼ばれるパターンです。解説書によれば，このタイプは「自分は我慢して滅私奉公する傾向があり，葛藤をためこまないように注意する必要がある。能率よく仕事はやりとげ，施し上手であるが自分はほとんど楽しまないという特徴がある」と述べられています。かりに，さきほどのAさんがこの検査を受けてみれば，N型Ⅱのようなタイプが予想されるかもしれません。

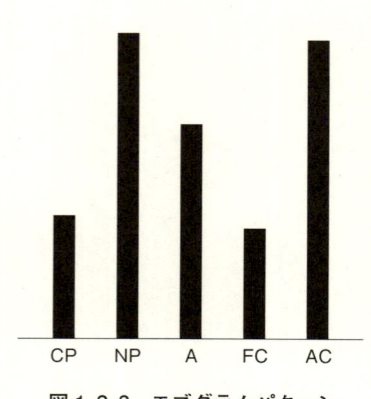

図1-2-3　エゴグラムパターン

　このような質問紙性格検査法は自分で自分の日頃の行動や特徴を振り返って答えていきますから，本人が意識している自分の性格が明らかになるといえます。質問紙法性格検査は一度に多くの人に実施でき，結果の処理も比較的容易です。また，検査者の主観が入り込みにくいともいえるでしょう。しかし，自分で自分の行動特徴を振り返るわけですから，自分のことが分かっていなかったり，自分ではそう思っていても他の人からみるとそうではないということもあるかもしれません。また，自分をよく見せようとか逆に悪ぶるなど結果を歪ませることも可能です。また，類型化された性格像を描くことが可能ですが，わかりやすい反面，類型化したために細かい特徴が見過ごされてしまうという短所もあります。質問紙法性格検査を使用するときはその特性をよく知って使わなければいけません。

7. 投影法性格検査

　投影法性格検査は，漠然とした絵や写真などの「あいまいな刺激」に対して自由に反応してもらい，そこに表わされる心理を分析するものです。質問紙法性格検査のように，性格や行動特性に関するあらかじめ決められた質問に答えていくのではないので，その人の自由な，あるいは独自な反応が得られます。ときには，自分でも気がついていない特徴が表われたり，こころの奥底にある気持ちや考えが映し出されることもあります。代表的な投影法性格検査には，ロールシャッハ・テスト，TAT，SCT，P-Fスタディ，バウムテスト，人物描画法などがあります。

(1) ロールシャッハ・テスト

　ロールシャッハ・テストは，白い紙にインクを垂らして2つに折ってひろげてできた10枚のカードを用いて「何に見えるか」をきいていきます。もともとなにかが描かれたものではありませんので，決まった答えがあるわけではなく，人によって見えるものは違ってきます。図1-2-4をみてください。これは本物のカードの絵ではありませんが，みなさんはこれが何に見えますか？

図 1-2-4　ロールシャッハ・テストの模擬図版

「チョウチョ」に見えた人もいるかもしれません。「怪獣？」「花？」「犬の顔？」「おたまじゃくし？」あるいは「人が踊っている？」ように見えた人もいるでしょう。このように同じ1つの絵をみても人によって「見えるもの」が異なっています。

おそらく「見えるもの」だけではなく，「見え方」も違っているはずです。全体的な印象からみた人もいれば，部分を捉えてみた人もいるでしょう。あるいは，ごく小さな部分がなにかに見えた人もいるはずです。さらには，そのように「見た理由」も違っているでしょう。「形が似ている」と思った人もいれば，「動き」をみた人もいるでしょう。あるいは，「色」から判断した人もいるかもしれません。つまりそこにそれぞれの人の「性格特性」が投影されていると考えられるのです。ロールシャッハ・テストでは10枚のカード（刺激図）に対する反応について「どこが」「どうして」「何に」見えたか，「カードの図と適合しているか」などを分析して解釈します。

絵の全体に反応する人は，物事を全体的・統合的，あるいは単純に捉える傾向が，部分に反応する人は，物事を具体的に慎重に捉える傾向がうかがえます。非常に小さな部分を知覚する人は，人が気がつかないところまで見る繊細な人かもしれません。「形」を中心に見る人は現実を客観的に知的に見ていく傾向，「人の動き」を見る人は想像力の豊かさや共感力，「色」に反応していく人は情緒的な感受性が強いというような解釈仮説が考えられます。また，「人間」を多くみる人は，人に対する関心の高い人かもしれません。

このようにロールシャッハ・テストでは，得られた反応をさまざまな角度から検討し，その人の性格特性を描き出していきます。

(2) SCT

SCTは文章完成テストといい，以下のような未完成な文章の続きを思い浮かべて書いてもらい，被検者の特性を知るという検査です。被検者の性格，能力，環境，対人関係などを具体的に把握することができます（小林，1998）。

SCTの刺激文の一例
1. 子どもの頃，私は＿＿＿＿＿＿＿＿＿＿＿＿＿＿＿＿＿＿＿＿＿＿＿＿＿＿＿＿＿
2. ひとりでいると＿＿＿＿＿＿＿＿＿＿＿＿＿＿＿＿＿＿＿＿＿＿＿＿＿＿＿＿＿＿
3. 私はよく人から＿＿＿＿＿＿＿＿＿＿＿＿＿＿＿＿＿＿＿＿＿＿＿＿＿＿＿＿＿＿
4. いつかそのうち私は＿＿＿＿＿＿＿＿＿＿＿＿＿＿＿＿＿＿＿＿＿＿＿＿＿＿＿
5. 生きるということは＿＿＿＿＿＿＿＿＿＿＿＿＿＿＿＿＿＿＿＿＿＿＿＿＿＿＿

SCTの反応例①
1. 子どもの頃，私は　　とてもおとなしい子どもだった。

2. ひとりでいると　　ついくよくよ考えてしまう。
3. 私はよく人から　　真面目だとよく言われる。
4. いつかそのうち私は　人を幸せにする仕事をしたい。
5. 生きるということは　悩むことが多い。

SCTの反応例②
1. 子どもの頃，私は　　泣き虫だった。
2. ひとりでいると　　誰かにメールする。
3. 私はよく人から　　面白いと言われる。
4. いつかそのうち私は　外国へ行きたい。
5. 生きるということは　冒険だ。

　①の人は真面目で内省的で，自分の性格を活かして働こうと現実的で前向きですが，真面目なだけに，悩んでもいるようです。②の人は甘えん坊で屈託がないですね。明るく社交的なようですが，まだ夢は現実的ではなさそうです。二人とも同じ年頃で将来のことを語っていますが，SCTは両者の違いをはっきり表しています。SCTはこのように具体的な人物像が明確になるというのが他の投影法性格検査とは異なる一面です。
　刺激文は上記のような文をはじめ，家族関係，対人関係，自己概念，人生観などですが，検査者が自由に足すこともできます。

(3) バウムテスト

　バウムテストはA4の用紙に鉛筆で「1本の実のなる木」を描いてもらう検査です。
　図1-2-5～1-2-7は3人の大学生が描いた「木」です。
　「1本の木」の絵も描く人によって異なります。「描かれた木」はその人自身を表していると考えられています。図1-2-5の絵は若い女性によく見られる木です。樹冠（木の上の部分）の中に実がたくさんついています。希望がいっぱいあるのでしょう。でも木は少し上の方に浮いているみたいですね。まだしっかり根をおろしていないのかもしれません。図1-2-6の人の絵は隅っこに小さく描かれています。まだ，実社会にデビューしていない，少し恐れているのでしょうか？　図1-2-7は逆に用紙からはみ出るほど大きな木です。エネルギーがいっぱいという感じですね。これは別々の人が描いた絵ですが，どれも若者らしさがよく表れています。
　バウムテストにはさまざまな指標と解釈仮説があり体系化されていますが，実際にバウムテストからなにを読み取ることができるかについては明白ではありません。荒木

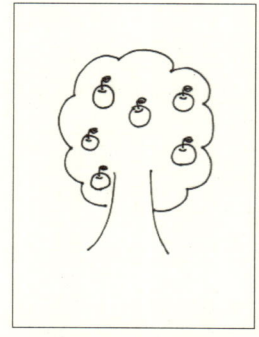

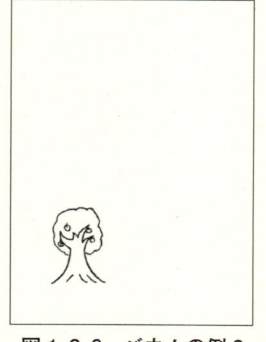

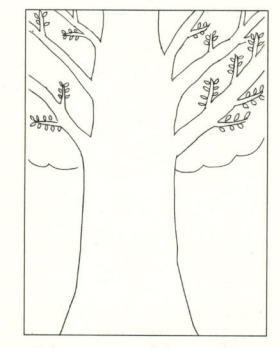

図1-2-5　バウムの例1　　　図1-2-6　バウムの例2　　　図1-2-7　バウムの例3

(1998)は,「(バウムテストには)時には本人も気付いていないような,あるいは言葉では表現しえないよう無意識の感情や態度といったものが表現されており,それを理解して行くことが我々に課せられている」と述べています。バウムテストは簡単にできるテストですが,そこに込められたクライエントの思いを大切に扱っていかなければいけません。

(4) P-F スタディ

P-Fスタディでは図1-2-8のような吹き出しのある絵を見て,左側の人のことばに対して,右側の人が何と答えるか,そのことばを枠の中に書いてもらう検査です。場面は右側の人が左側の人から,叱られたり,非難されたり,文句を言われたり,なんらかの「欲求不満を引き起こす」場面が想定されています。そのような場面に対してどう対処するのかを観るのがこのテストです。

図1-2-8のような場面で,あなたならなんと答えるでしょうか。

反応例
a「昨日の晩遅くまで勉強していたから眠いんだよ」
b「お母さんがもっと早く起こしてくれないから悪いんだよ」
c「いいさ,たまに遅刻しても大丈夫だよ」
d「車で送ってよ」
e「走っていけば大丈夫だよ」
f「わあー,どうしよう!」

P-Fスタディでは,欲求不満に対する対処法について,その不満を誰に向けるか(不満の方向),その出来事の何にこだわるか(不満の型)について評定します。図の例で,aのように反応する人とbのように答える人では,欲求不満の事態に対して不満を向ける方向が異なります。不満の型についてはdのように解決を人に頼る人もいれば,eのように自分で解決しようとする人もいます。cのように妙に落ち着いている人もいればfのようにただあわてているだけの人もいるでしょうね。このように欲求不満場面に対する対応の違いによって,その人の攻撃性の処理の仕方や性格傾向をみていくことができます。

図1-2-8 P-Fスタディの模擬刺激図

心理テストは知能検査,性格検査をはじめさまざまな種類がありますが,それぞれに特徴があり,心理アセスメントの目的によって,使い分けて用いられます。

たくさんのテストがありますが,一人ひとりの能力や特性を引き出し,できるだけ客観的に理解を深めていこうとするものです。

4 適切な援助の方法

これまで心理アセスメントにおける「その人をよく知る」ためのさまざまな方法について述べてきました。このようなさまざまな情報を得た上で心理アセスメントでは「適切な

援助の方法」を判断して行くことになります。
　最初に述べた3人のクライエントにはどのような援助が考えられるでしょうか？

　　Aさんについてはよく話をきいてみると，小さなときから自分の願望や欲求を抑えつけてきたことがわかりました。Aさんも自分自身がなぜ進路の選択にあたってこれほど思い悩むことになったのかとまどっているようでした。今回の悩みをきっかけにAさんは自分自身のこれまでの生き方を振り返り，自分自身と向き合っていくことが必要なようです。Aさんはこれまで他人に助けを求めたり，手伝ってもらうことを潔く思ってこなかったようです。なんでも自分ひとりで頑張って解決しなければと思ってきたのでしょう。これからのAさんはカウンセリングを通じて自分の心に向き合っていくことともに，ときには人に頼ることや手助けを求めていくことを学んでいくことが大切でしょう。

　　Bちゃんは，学校や家庭での様子を詳しく聴くとともに，これまでの成長の仕方あるいは親の育て方などを知りBちゃんの行動のあり方や流れを詳しくつかむことが必要です。Bちゃんの知能検査の結果をみると，Bちゃんは耳から入ってくる情報を処理することが苦手でした，Bちゃんにはできるだけ目で見える手がかりを示すことが必要です。また，検査場面では落ち着いて集中できたようですからできるだけ個別に学習する機会をもつことも必要でしょう。また，ことばで表現することが苦手なようですので（おそらくそれが唐突な行動につながったと考えられます），自分の気持ちを的確に伝える練習をしていくことも良いかもしれません。そのようなBちゃんの特性を知り，Bちゃんに合った接し方や学習方法を工夫して見出していかなければいけません。

　　Cさんはどうでしょうか？　Cさんの課題は大人になるということかもしれません。Cさんの話をよく聴いてみると，これまでCさんは誰とでもすぐ仲良くなれ，楽しくつきあってきました。でも成長するにつれ，つきあいのあり方や関係性も変化して行きます。これまで通り誰とでも仲良くというのは難しくなってきたのかもしれません。Cさんはなかなか思いとおりにいかない友人関係を受け入れることができません。いろいろな人との付き合い方を覚えていくことも成長の1つです。Cさんのカウンセリングでは，Cさんの自己理解・自己発見が進むよう援助して行くのが望ましいでしょう。

　このように適切な援助の方法とはそれぞれクライエントによって異なります。こうすればよいと一律に判断できるものではなく，一人ひとりの性格傾向や行動特徴，知的な能力，家庭環境，置かれている状況などさまざまな点を考慮して判断されていくものです。また，クライエント自身がどのような問題解決を望んでいるかという点も大切なことです。適切な援助の方法は心理士が一方的に判断するものではなく，クライエントとの十分な話し合いによって決めていくべきものです。
　こころのあり様は絶えず変化していきます。心理アセスメントも治療や援助の過程に応じて柔軟に見直されていかなければいけません。さらには個人的なカウンセリングや心理療法にとどまらず，多角的な視野に立ったさまざまな援助資源の活用も望まれるところです。

5　おわりに―心の声を聴く―

　心理アセスメントとは，クライエントと心理士が初めて出会う場です。そこで心理士はクライエントの抱える悩みや問題をきき，その言葉をじっと受けとめ，その意味をともに考え，理解を深め，これからを模索していきます。それは「心の声を聴く」ということでもあります。

　皆さんは「ききみみずきん」というお話を知っていますか？

　「荷物運びをして働いている藤六という若者が，母親から渡されたずきんをかぶってみると，ふしぎなことに鳥たちや木々の話し声が聞こえます。ある日，長者のむすめが重い病気で苦しんでいることを知った藤六は，庭のくすの木が『裏山の石をおこしてとりのければすぐ元気になるのに』という声をききます。藤六が石をとりのけると，石がふさいでいた穴から水があふれ出し，たちまちくすの木は元気になり，長者のむすめの病気も治り，村にはたくさんのお米がとれるようになりました」

　藤六のかぶっていたずきんというのは，鳥や木たちのことばがわかる「ききみみずきん」だったのです。誰にもこんなずきんがあれば人の気持ちを知ることができていいですね。でも，このような「ずきん」を手に入れなくても，私たちのこころのもち方次第で，相手のこころの声をきくことはできるのではないでしょうか？　思いやりや共感をもって，その人の痛みを感じとること，それが「ききみみずきん」かもしれません。

文　献

荒木ひさ子　1998　バウムテスト　岡堂哲雄（編）心理査定プラクティス　現代のエスプリ別冊　至文堂
林　勝造ほか　1987　P-Fスタディ解説　三京房
石垣琢磨　2001　アセスメントとしての見立て　臨床心理学, **1**（3）, 317-322.
Klopfer, B., & Davidson, H. H.　1962　*The Rorschach technique: An introductory manual.*（河合隼雄（訳）1964　ロールシャッハ・テクニック入門　ダイヤモンド社）
小林哲郎　1998　SCT　岡堂哲雄（編）心理査定プラクティス　現代のエスプリ別冊　至文堂
Koch, K.　1952　*Der Baumtest. Hans Huber.*（林　勝造・国吉政一・一谷　彊（訳）1970　バウム・テスト　樹木画による人格診断法　日本文化科学社）
前川あさ美　1991　心理臨床における測定―心理アセスメント―　市川伸一（編）心理測定法への招待　測定から見た心理学入門　新心理学ライブラリ　サイエンス社
小川俊樹　2008　今日の投影法をめぐって　小川俊樹（編）投影法の現在　現代のエスプリ別冊　至文堂
岡堂哲雄編　1998　心理査定プラクティス　現代のエスプリ別冊　至文堂
司馬遼太郎　2001　二十一世紀に生きる君たちへ　世界文化社
下山晴彦　2008　心理アセスメントとは何か　下山晴彦・松澤広和（編）　実践心理アセスメント　こころの科学　日本評論社
田中教育研究所　2005　田中ビネー知能検査V理論マニュアル　田研出版
東京大学医学部心療内科 TEG 研究会（編）　2002　新版 TEG　解説とエゴグラム・パターン　金子書房
辻岡美延　1965　新性格検査法　日本心理テスト研究所
上野一彦・海津亜希子・服部美佳子　2005　軽度発達障害の心理アセスメント　WISC-Ⅲの上手な利用と事例　日本文化科学社

3 心を癒す
― 心理療法 ―

1　心理療法とはなんでしょうか？

　心理療法とはなんでしょう？　これについてはさまざまな定義がありますが，そのなかの1つを紹介しましょう。

　それは，「**心理療法**とは，悩みや問題の解決のため来談した人に対して，専門的な訓練を受けたものが，主として心理的な接近法によって，可能なかぎり来談者の全存在に対する配慮をもちつつも，来談者が人生の過程を発見的に歩むのを援助すること」（河合, 1992）というものです。

　さあ，皆さんはこれを読んでどんな感じを受けましたか？　なんだかずいぶんまどろっこしいというか，慎重な説明と思われたのではないでしょうか。もっと，治すとか教えるとか救うとか，たとえば医療のなかでお医者さんと患者さんの間でくりひろげられるような行為をイメージされたのではないでしょうか。ところが心理療法では主人公はあくまでも来談者なのです。専門的には**クライエント**といいます。そのクライエントを援助するということです。

　占いなどで「ああしなさい」「これはいけません」など具体的に指示したり，一方的に答えを差し示す，というものではないのです。また神さまや仏さまにただただ身をゆだねて救いを求める，というものでもありません。心理学の理論や技術を学び，実践を通じて人のこころに対する訓練を受けた専門家が，日常にはない特別な関わりをもって対応するのです。

　そのとき，そのクライエントの「全存在に対する配慮」をもつことも非常に重要です。それは，人間一人ひとりが生れ育ちをはじめとし，すべて違っているからです。その個別性を重視するところに臨床心理学を背景とする心理療法の意味があるのです。そのようにしてクライエントを尊重するなかで，悩みや問題の解決をめぐって，さらにはこころの成長をめざして，クライエントとこころの専門家がともに歩んでいくことが心理療法です。

　「来談者が人生の過程を発見的に」とあるのは，心理療法を通じでさまざまな気付きがあること，ときには新たな生き方をめざすことにもつながるよう，そのつどクライエントに合った道を発見しながら歩む。そして，そのようなプロセスを通じてクライエントが自分の人生を主体的に生きていけるようになることが最終的な目的になるのでしょう。

　さて，このような心理療法の主人公であるクライエントとはどんな人なのでしょう

2 クライエントとはどんな人？

　クライエントについて，さきに「悩みや問題の解決のために来談した人」というふうに紹介しました。私たち人間はだれしも悩みや問題を抱えて暮らしています。お釈迦さまは，生きることそのものが苦である，とまでおっしゃっています。家庭の主婦は今夜のおかずに頭を悩ませますし，勉強しないわが子のことも悩みの種。若い人たちにとって容姿や恋の悩みはつきものです。人間関係も厄介事。長引く不況は国民すべてが抱える困難な事態でしょう。ただし，多くの人はこのように悩みを抱えながらも，なんとか毎日暮らしています。

　また，悩みや問題はその内容によって，専門の機関があります。学校では進路相談を受けられますし，身体のことは保健所などで健康相談窓口があります。相続や離婚については法律相談がまず考えられるでしょうか。

　そのような現実的な問題の一方で（あるいは同時に），目には見えないこころの問題が心理療法の対象となるのです。人前にでるとドキドキして頭が真っ白になる，止めようと思うのに1時間以上手を洗わないと気が済まない，意欲がわかず気分が沈んで何も手が付けられない……などなど，頭ではわかっているのに止められないとか，「なんで」と聞かれてもわからずに動けないというのもあるでしょう。そういうことで生活に支障が起きて，しかも一方的な指導や助言では解決がつかなくなっている。クライエントの多くはこのような状況におかれているのです。ここで1つの例を取り上げてみましょう。

A子さんのものがたり

　女子大生のA子さんは，本来頑張り屋さんで人に対する気配りもでき，学業は言うまでもなく，サークルやボランティア活動，アルバイトにも精を出していました。また，家ではお母さんを助けて家事の一部を引き受けるほどの，いわゆるよくできた娘でした。

　そんな彼女が4回生のとき，ある男性と出会い結婚を意識するようになったのです。当然賛成してくれるだろうと思っていたお母さんからの反対をきっかけに，不安と混乱で家から出られなくなってしまいました。その1年ほど前からはぽっちゃりとした体型が嫌でダイエットをしていましたが，このときからそれが大量に食べて吐く，いわゆる過食嘔吐という症状にとって変わりました。

　A子さんのお父さんはワンマンで，またお父さんの兄弟が近隣にたくさん住んでおり，何かともめ事が多く，お母さんは苦労の連続であったといいます。長女の彼女はそんなお母さんを支えて，幼い頃から心配をかけないように，そしてお母さんを喜ばすように頑張ってきたのです。

　症状が出る前から漠然とあった不安は「決められたことはこなせるが，自分の意見を求められるとどう応えていいのかわからない」というものでした。自由にものを言う友人が脅威の対象でもあったそうです。結婚を反対されたときに自分で確かな考えをもてないことに愕然とし，それまでの自分が「崩壊した」ような感覚に見舞われました。

　しばらくの引きこもりのあと，過食嘔吐をなんとかしたい，きちんと自己主張できる人になりたいということで，あるクリニックを訪れることになりました。

心理療法を受けるなかで，人の顔色ばかり見ていて自分の内面を育てることができていなかったこと，人に嫌われるのが恐くてノーと言えずに怒りの気持ちを押し込んでいたことなどに気付きました。

　数年の心理療法ののち「それなりに満足のいく」等身大の自分，という感覚を得て自然なペースをつかみ，再び社会生活を送れるようになりました。引きこもりと過食嘔吐という症状を契機に自分自身の人生を歩めるようになったA子さんですが，この症状にはどういう意味があるのでしょう。

3　症状の意味

1. ストレスと適応

　適応という考えがあります。私たちはさまざまな形や内容のストレスと戦いながら毎日を生きています。この戦いは精神的心理的になんとか平衡状態を保とうという目的のための営みです。この状態を保つために私たちはあるこころの装置を使います。心理学の専門用語でこれを**防衛機制**といいます（表1-3-1）。それを使ってなんとか日常をやりすごしているのです。それが，心理的な適応です。

　しかし，不安定な状況や緊張が長く続いたり，大きなストレスが出現すると内的世界の防衛機制に破綻をきたし，そこから脱出するために症状が現れてきます。先のA子さんも，下の兄弟のようにお母さんに甘えたい気持ちやわがままを言ったりして，自由にふるまいたい気持ちがあったけれど，それはこころの奥にしまっていた（抑圧）ことが心理療法のなかで語られていきました。そうあることでお母さんに気に入られるよい子を保っていたのです。

表1-3-1　主要な適応（防衛）機制とその機能

機制	機能
抑圧	社会的に受け入れがたい欲求や苦痛な体験の一色化を阻止し，忘却すること。
同一化	自分で直接欲求を満たせない場合に，その欲求を満足できる人（ときに地位や制度）になることによって，代わりに満足させ，価値観を高めること。
合理化	失敗や好ましくない行為を正当化することによって，失敗感や罪障感を回避させること。「甘いレモン型」と「すっぱいブドウ型」がある。
知性化	感情や欲望を直接に意識化しないで，知的な認識や考えでコントロールすること。
投射	過ちや失敗や欠点の原因を他人のせいにして，自分の非論理的な願望を他人に転嫁し，劣等感や罪障感から免れさせること。
代償	本来の目標が得られないときに，獲得しやすい他の目標によって満足させること。
補償	望ましい特性を強調することによって，弱点や欠点をカバーすること。
昇華	社会的に承認されない欲求を抑えて，社会的に高く評価されるものに代えて表現することによって，緊張を解消させること。
逃避	欲求不満状況の解決を放棄し，実際にその状況から逃げ出したり，空想・病気・現実・自己に逃げ込ませて，満たされない欲求を満たさせること。
反動形成	欲求の正反対の傾向を閉めることによって，危険な願望の表出を防止すること。
退行	早期の発達段階に戻ること。幼児期への逃避。
解離	人格の統合が分離してしまうこと。

けれども，異性との出会いがA子さんの内面に揺さぶりをかけ，また，親から自立して社会人になろうとする4回生になって，自由な意思をもてないそれまでのあり方に破綻をきたし，こころの平衡状態が失われたときに表面に現れたのが症状なのです。

ストレスをどう受けとめるかはまったく個人的なものですし，したがってどのような防衛機制で対処し，また，どのような症状が出現するかも個人によって違います。ただし症状の意味するものとしてある種の共通点もうかがえます。それでは症状にはどんな意味があるのか見ていくことにしましょう。

2. 症状の意味

アメリカの児童精神科医であるカナー（Kanner, L.）は「症状は患者が治療者を訪れるための入場券である」といっています。すなわち，

◇入場券としての
これまでいろいろと頑張ってきたけれど，もうどうしようもない状態に陥ってしまった，ということを周りの人に報せようとしているというものです。これまでさまざまな気持ちを押し込めてよい子であったAさんが「崩壊してしまった」というまさにあの状態です。

◇信号としての
その問題が起こっているありかを知らせ，そして助けを必要としていることを発信しているのです。A子さんは家に引きこもり，そして過食嘔吐が始まりました。家でも外でも過剰適応していたA子さんは，引きこもることでようやく自分の内面に向き合うことになりました。これまでにない激しい感情が渦巻くようになり，過食して吐き出すとスッキリしたといいます。食物を吐き出すことが内面の怒りを表現していたのではないかとA子さんはのちに語っています。はじめは隠れてしていた行為もお母さんの知るところとなり，それが心理療法を受けることにつながりました。

◇安全弁としての
症状により，精神的な混乱状態が今以上には悪化しないように喰い止める意味をもっています。ストレスになんとか対処していこうということで，総動員されていた防衛機制が破綻して，症状をうむことになりましたが，それでも症状は，そこからそれ以上には悪くならないようにしようというストッパーの役目もしているのです。

◇問題解決の手段としての
症状そのものが，すでに問題を解決するために役立っているのです。つまり，落ちるところまで落ちた，底までついた，だからあとははい上がるしかないのだぞ，という状態です。自分の内面にも，周囲の人にもしんどいことを伝えて，それを認め合ったところでこれから立ち直っていこう，そしてこれからは私をあてにしないでむしろ協力してくださいな，というような意味もあります。

このような意味をもつ，症状というこころのメッセージを抱え，お母さんに連れられてA子さんは街のクリニックで心理療法を受けることになりました。さて，A子さんはどのような人とこころの仕事をすることになったのでしょうか。

4 こころの専門家とはどんな人？

　こころの専門家は，臨床現場では**カウンセラーやセラピスト**，治療者や分析家，あるいは心理士などと呼ばれています。また，心理療法は言葉のやりとりを通じて行うもの，夢や描画，箱庭などイメージを用いるもの，あるいは身体に働きかけるものなどさまざまです。ここでは，主にAさんが体験した心理療法（カウンセリング）を思い浮かべながら話を進めていきます。

1. 傾聴ということ

　心理療法（カウンセリング）における技術で最も重要なものは「聞く（聴く）」ことです。それは消極的に聞き流すのではなく，強制的に聞き出すのでもありません。クライエントの話すことをこころをこめて，耳を傾けて真剣に聞くのです。それを**傾聴**といいます。それでは「聞く（聴く）」ことにはどのような意味があるのでしょう。

　まず「聞く」は，「話す」を促進します。クライエントが話したことを真剣に聞いて，カウンセラーは理解したことを伝えます。するとクライエントは「ああ，わかってもらえたんだなあ……じゃあもう少し話してみようかなあ……」と思います。多くのクライエントは不信感や孤独，自信のなさや焦りの渦のなかにいます。そのときに理解された，受け入れられたと実感できることは大きな勇気につながるでしょう。このやりとりの往復が心理療法（カウンセリング）のプロセスを進め，また深めていくことになるのです。

　それは，クライエントが感情的に混乱した体験の内容を整理しまとめて言葉にしていくことであり，自分自身について少しずつ距離をもって見られるようになることです。そのことを通じて，新たな意味や関係に気付くことを**洞察**といいます。問題の解決にいたる洞察にはカウンセラーの傾聴がなにより重要となるのです。さて，この傾聴を支えるカウンセラーの態度とはいったいどのようなものでしょう。

2. カウンセラーの態度

　まず，安定してとらわれなく，ありのままにふるまえる態度が大切です。これを自己一致といいます。言い訳やごまかしという防衛的な状態ではなく，あせりやイライラなどの不安な状態でもないことです。

　そのようなあり方がクライエントの示す行動や経験のすべてを価値判断を加えずに受けとめることを可能にします。これが**受容**ということです。

　また，カウンセラーは普段もっている自分自身のあたりまえ，をいったん横において，クライエントがまさに感じているであろうという立場で，クライエントの考えや気持ちを理解するのです。これを**共感**といいます。クライエントの思いがカウンセラーに感じられないと心理療法（カウンセリング）は進みません。クライエントが安心してこころの深層に旅することができるためには，カウンセラーの共感が不可欠なのです。

　こういうことを通して，これまで自分が誰にも話せなかったこと，あるいは，話しても受けとめてもらえなかったことを話して，カウンセラーに伝わる。それをとがめられもせずに受けとめられる。他人に安心して受け入れられる体験のなかった人が自分のことを理解されたという実感がこころの癒しとなり，クライエントに勇気をもたらして，問題を乗り越えて成長していこうという意欲を生み出すことができるのです。

かつて筆者はある先生（その方は実践家としてはもちろんのこと，すぐれた研究者であり，また教育者でもある方です）に，「こころの癒しとはどこからやってくるのでしょうか？」と問うたことがあります。先生はしばらく考えられ，「癒しということばはあまり好きではないですが」と前置きされたのちに，「これまでにない新鮮な存在との，親密な関わりのなかで，意味深い体験を重ねることによって生まれてくるものではないでしょうか」とおっしゃいました。

　常識的な価値判断からできるだけ自由になり，**自己一致**した状態で受容的で共感的な理解ができるというカウンセラーの態度が，先生のおっしゃった「これまでにない新鮮な存在」となりうるのです。

5　クライエントとカウンセラーの関係はどんなもの？

　心理療法は，専門的な理論に基づいた技法によって繰り広げられていくものですが，このとき重要な役割を果たすものは，先に挙げたカウンセラーの態度や，また心理療法における人間関係なのです。この関係は日常くりひろげられる人間関係とはちがった特徴をもっています。それはどんなものでしょうか。

　◇目的をもった関係

　まず，友人関係（偶発的な関係）や親子関係（自然発生的な関係）というような関係ではなく，目的をもった関係であるということです。目的とはクライエントの抱えている問題の解決であったり，適応できるようになったり，さらにはそのことを通じて人格の成長にいたるような事柄です。つまりこの目的を果たすための作られた関係ともいえるでしょう。

　◇一時的な関係

　目的をもった関係であるかぎり，その達成とともに終わる関係です。もちろん見込みのないときには関係が解消されます。

　◇言語手段を中心とした関係

　先にも述べたように心理療法には，さまざまなアプローチの方法がありますが，どのような場合にもことばは重要な役割を果たします。

　◇力動的な関係

　たとえば医療の現場では，お医者さんが患者さんに対して診断を下し，投薬やその他の医療行為を行います。けれども心理療法ではこのような一方的な関係ではなく，クライエントとカウンセラーがお互いに影響し合う関係であるのです。

　◇助力関係

　「心理療法における問題解決の主人公は，あくまでもクライエントである」とすでにお話しました。カウンセラーはそのクライエントの動きを援助するのです。となるとクライエントが心理療法によって自分の問題を解決したいという**動機付け**が必要です。何かと問題を起こして周りの人は困っているのに本人は何も感じていない，というような場合にはその展開は難しいでしょう。

　◇クライエント中心の関係

　人間のこころには，その人の意識の支配をこえた深いところに，自律性が潜んでいると

いわれています。それを**自己治癒力**といいます。この力があるがゆえにクライエントは主人公となりうるのですし，こころの専門家はクライエントのそれを信じて援助していくことができるのです。

　◇非情な関係

　非情というとなにかしらきつい感じを受けるでしょうか？　これはいわば同情的な関係ではない，ということです。同情は相手の感情と**同一化**してしまうことで，ときには相手に巻き込まれてしまうことにもなります。同情によって一時的には慰められるかもしれませんが，それは真の助けにはならず，混乱が一層激しくなる場合もあるのです。心理療法においては，クライエントの感情をその立場にたって理解しようと努めますが，それに巻き込まれずに，クライエントを独立した存在と考え，しかもクライエントに著しく接近した立場をとるのです。このようなあり方を保ちながら，クライエント自らの生きる道を探求するのを援助することが心理療法です。以上の点から，クライエントとカウンセラーは暖かいけれどもある面で非情な関係なのです。

6　心理療法における約束ごと

　前述のように，心理療法は日常にはない関係性のなかで行われます。そうなので普段の生活にはないような約束ごとがいくつかあります。また，それは上記の関係性を支える枠組みでもあるのです。

　スタンダードな形として，心理療法は1週間に1度，大体50分前後で行なわれます。枠組みとは，そういう時間や場所，あるいは料金のことです。それらを確かめ合う，つまり契約をして，その上で心理療法を進めていきます。これが日常生活のなかでの相談ごととの大きな違いです。

　◇間　　隔

　まず，なぜ1週間に1回なのかということですが，クライエントはカウンセラーといろいろなことを話し合い，その経験をもって現実の生活に帰っていきます。そして次のセッションまでの間に，クライエントのこころのなかにはさまざまなことが起こります。深い内省や，これまでにない新たな気付き，あるいはすっかりと忘れていたけれど，今の自分に関わるとても重要なことなどです。そして次の心理療法においてはそうした内省や気付きをテーマにまた話をすすめていくのです。1週間に1度という頻度はそういう気付きや熟成のためにちょうどよい間隔なのです。もちろんいろいろな事情で変則的になることもあります。問題が解決されてくると隔週であったり，月に1度あるいはもっと開く場合もあります。

　また，もうひとつは，「いろいろしんどいこともあったけれど，この1週間カウンセラーなしでなんとかやってこれた」「ひとりでも成長できるんだなあ」「ひとりでもなんとかなっていく」というクライエントの「待つ力」を養うことになり，自信とともに自立性を育てることにもなります。カウンセラーにとってはそのようなクライエントの成長を見ることができます。

　そして，この間隔によって心理療法が日常に埋もれず，こころの作業をする場としての面接室がより神聖な場所ともなりえるのです。

◇時　　間

　50分と時間を限定することについて，それを少ないと感じられる方もあるかもしれません。けれども心理療法は一度に沢山のことを話せばよいというものではないのです。人は受けとめられることしか受けとめられません。こころの準備ができていないうちに喋りすぎると，クライエントのこころのなかにかえって混乱が生じることさえあります。消化し切れない面接になってはいけないのです。カウンセラーも50分という枠組みに守られているからこそ，集中してクライエントの話しを聞くことができるのです。どうでしょう，皆さんのなかには，友だちの悩みを何時間にもわたって聞いて，自分のほうが数倍しんどくなったという体験はないでしょうか。

◇場　　所

　現実生活でしょっちゅう会う人に，こころの深いことをさらけ出せるでしょうか？　秘密が守られる日常から離れた場所であるから，心理療法は展開できるのです。また，たまには気分をかえて公園でとか，人が親密になるためには食事をともにするのが有効だからレストランで，ということはありえません。先にお伝えした自己治癒力が発現するためには「自由にして守られた空間」がなくてはなりません。それは刺激の多い場所でもありませんし，自分を見つめるためには非日常的な，ある種神聖な空間が不可欠です。

　カウンセラーにとってもこころの準備が整わないなか，次々と変わる場所でクライエントと会うことはできません。カウンセラーのプライベートな生活ももちろん守られなければならないのです。

　このような枠組みにクライエントもカウンセラーも守られながら，こころの旅は進んでいきます。今一度，カウンセラーはなぜ必要なのか，ということを考えると，暗い夜道でもだれかがいるだけであまり恐くなくなるからでしょう。かたわらに人がいること，それがカウンセラーの役目ではないでしょうか。四国八十八ヶ所をめぐるお遍路さんの行衣や編みがさには「同行二人」と書かれています。厳しい修行も弘法大師空海さんとともに歩むことで勇気づけられ励まされるのでしょう。

　料金については幅がありますし，公立の無料の機関もあるので今回は特に取り上げないことにします。

7　こころの専門家になるのには？

　こころの専門家として，日本臨床心理士資格認定協会による臨床心理士という認定資格があります。その受験資格は，基本的には**臨床心理士**を養成する指定された大学院の修士課程を修了していることが必要です。また，資格を修得したあとも5年ごとに資格を更新することが義務付けられています。詳しくは，（財）日本臨床心理士資格認定協会監修の『2011年度版・新・臨床心理士になるために』（誠信書房）を参照してください。

　基本的な学習として，まず理論を学ぶことが挙げられます。心理的な症状がどうして起こってくるのかについて説明するのが理論で，それによって心理療法の方法にも違いが出てきます。心理療法には多くの理論がありますが，これらは文献を通じて学んでいくものです。

　その一方で，自分が関わった心理療法の内容について上級者から指導を受けるという訓

練があります。これを**スーパービジョン**といいますが，非常に重要なことがらで，特に初級者に欠かせないことです。実践は知識だけでは行えません。そのような訓練を通して経験を積み，自分のした仕事についてふりかえり，検証してまとめることが**事例研究**です。

　一人として同じでないクライエントとこころの仕事をしていくためには，深い人間理解が必要です。そのため心理学はもとより，小説や映画，宗教，またはあらゆる芸術作品にふれることも大切で，こころの専門家である以上その学びは生涯続けていくものです。なんといっても生きた人間と出会っていくのであり，その人間とは，長い時間をかけても変わらない真実もあれば，刻々と変わっていく事実もあるという社会に生きているのですから。

8　ふたたび心理療法とは？

　心理療法は万能ではありません。クライエントの内面と現実生活の両面を大切にしながら進めていかなければならないのです。

　症状をなくすことよりも，ときにはそれとともに生きていくことを考えるほうがいい場合さえあります。苦しみをやわらげ，クライエント本人が自分の悩みを引き受けられるように援助するのが心理療法の第一の目的になるのではないでしょうか。こころの旅の終着駅はさまざまです。

　最後にこころの専門家の役割をたとえていうなら……

　真っ暗なトンネルを片手にカンテラをもって，もう片方の手はクライエントとつなぎながら，しかもクライエントの半歩先を歩いている。この半歩は理論からの学びであり，それに裏付けされた経験であり，また，クライエントとともに専門家としてさらに成長していきたいという気持ちではないかと考えます。手にもつカンテラの灯は知の光あるいはたましいの光ともいえるでしょうか。その灯を消さぬよういつも油を補給し，ほやを磨いておくことが心理療法家にとって大切なのです。

文　献
河合隼雄　1992　心理療法序説　岩波書店

第2部
臨床心理学の発展

1 家族を心理学する

1　家族心理学とは？

1. だれだってだれかの家族

家族と聞いてあなたは何を思い浮かべますか。
家族の絵を書いてみましょう。
あなたの家族を紹介してください。
あなたは家族が好きですか。
家族とはどのような存在なのでしょうか。

　私たち人間の営みにおいて，家族の存在は欠かすことができません。家族の存在にきちんと感謝している人もいれば，あたりまえすぎてその存在をあまり意識せず暮らしている人もいるかもしれません。日々のニュースのなかで，家族が登場することは珍しくありません。ほのぼのと心温まるニュースもあれば，聞いた人が胸を痛めるような悲しいニュースも起こっています。暮らしにおいては，スケジュールを合わせて家族そろって旅行に行く，望みの職業に就いて好みの家に住まうなど，努力で報われることもあれば，避けようもない自然災害に突如見舞われるなど，人が生きることは簡単なことではありません。私たちが暮らす21世紀はといえば，膨大な情報の中で人の暮らしぶりも多様になり，選べる自由は一段と増えましたが，一方で気が休まらない人も多いようです。それでは，人のつながりはどうでしょうか。コミュニケーションも一昔前に比べれば，ずいぶん違っているようですね。人の意識や行動に何か変化が生まれたでしょうか。

　私たち人間の暮らしには，環境に応じて変化していくものと，変わらないものがあるようです。家族がしかり。「人が生まれ，育ち，誰かとつながり，次の世代につなぐ」というシンプルな人間の営みは，人類の歴史上ずっと続いています。「孤独だ」と四六時中感じている人でさえ，その人の誕生に父親と母親が存在するように家族がいるのです。人は，子ども（たとえば長男や末っ子など），妻や夫として，孫になったり，いとこであったりと，他の誰かにとっても家族なのです。つまり，人は一生のうち，メンバーをかえつつ家族という小集団に属しているのです。

　不変でありながら，変化している家族。現代社会を生き抜く私たちが，実にどのような家族生活を営み，どのようなことで日々悩んだり喜んだりしながら生きているのか。

　この章では，家族心理学の全体像をイメージしてもらおうと思います。

2. 家族心理学の歴史

　家族心理学とは、「家族およびその人間関係を直接研究している心理学の一分野」のことを言います。心理学は大変たくさんの分野に分かれているのですが、家族心理学は心理学史上で最も新しい分野と言われています。家族心理学は、1980年代に"家族危機"と呼ばれた時代背景のもとに誕生しました。社会の様子と家族の間には大きな関連があるようですね。

　それでは、現代の家族をめぐる社会的背景にはどのようなものがあるでしょうか。家族に関わること、もしくは家族が関係していそうなニュースや出来事があるでしょうか。

　現代社会に見られる家族をめぐり続発する問題には、実にさまざまなものがあります。たとえば**児童虐待**や**非行**、**育児不安**などを耳にしたことはありませんか。これらは**子どもの養育**に関する問題です。ほかにも、晩婚化や**少子化**、週末婚、変化する夫婦関係、熟年離婚などはどうでしょうか。熟年離婚は何年か前にテレビドラマのタイトルにもなっていました。これらは、夫婦関係に関する問題であり、最近多く聞かれます。

　問題と言っても、家族に関するニュースや出来事はネガティブなものばかりではありません。主夫やイクメンの登場、授かり婚や結婚しても一つの戸籍を持たない**事実婚**、**代理出産**など、これまで多くの人が当り前、普通と思ってきたこととは異なる家族のあり方や生活が次々と登場しています。このように、人々の家族に対する意識や行動の選択も、時代の流れに応じて多様化しているようです。それでは、人々のどのような意識が、このようなたくさんの家族のかたちを生み出しているのでしょうか。

　したがって、家族心理学とは、「今私たちが生活している社会で起こっていること（時代背景）のなかで、どのような家族の暮らしがあるのか、言い換えれば、個人が誰と家族になって社会や家族の中でどう生きているか、に着目した研究分野」と言えるでしょう。そのため、家族心理学では、家族を構成するメンバーの間で、または家族と社会とがどのように関わりあっているのか、などについて知ることができます。

3. 家族心理学と他の学問

　家族についての研究は、心理学のほかにも社会学や文化人類学などの社会科学の分野でなされています。

　このように、家族を研究対象とした研究分野は家族心理学のほかにもあり、それぞれに特徴をもっています。それぞれの研究で共通する目的は、私たちがより良く生きていくために、研究でわかったことを社会に還元していくことです。

　具体的には、たとえば心理学の領域では、**カウンセリング**などを通じて困難な問題で悩んでいる家族をサポートしたり、子育て支援などの教育を行うなどして、現実社会の諸々の課題に直接的あるいは間接的に、人々の暮らしがプラスになるよう人々のこころや対人関係に働きかけることが可能です。

　心理学と聞くと、こころの悩みで困っている一部の人に対して、高度な教育と訓練を受けたこころの専門家が行うカウンセリングだけをイメージする人もいるかもしれません。しかし実際には、こころの専門家が悩んでいる人の助けになるばかりでなく、人が家族とともにどのように成長・発達していくのか、家族の人間関係で起こりがちな問題にはどのようなものがあるかなどについて、新しい発見をすることも家族を研究する目的です。そしてわかったことを広く世間に伝えていくことで、世のなかの人がもっている家族に関する視野を広げ、実生活が豊かになるよう貢献することが学ぶ者の願いであり、つとめなのです。

2 そもそも家族とは？

1. 家族って誰のこと！？

では，はじめに，家族とはいったい誰を指すのでしょうか。家族と名のつく人間関係はどんなものがあるでしょうか。たとえば血のつながりなど，家族に必要な条件があるのでしょうか。

人は誰もが一生のうちメンバーを代えつつ，家族生活を経験します。メンバーの変更がシンプルな人もいれば，いわゆる波乱万丈といいましょうか，メンバー交代が多い人もいるかもしれません。人はさまざまな家族の生活の歴史をもっているといえます。子どもとして，結婚すれば夫あるいは妻として，子どもが生まれれば父親あるいは母親として，孫が生まれれば祖父あるいは祖母として。

ところで，家族と聞いてあなたは何を思い浮かべますか。家族と聞いて思い浮かぶイメージやこころに起こる気持ちはみんな同じでしょうか。それとも個人で異なるのでしょうか。

「家族なのだから，おやつも悲しみも分け合いましょう」「家族だから○○してほしい」「家族だから○○のはず」など，日常生活のなかで聞いたことはありませんか。このように表現する人は，相手に対してどのようにふるまうべきだといっているのでしょうか。

ワーク①に取りかかってみましょう。いかがでしたか。

● **ワーク1　家族とは誰か**

A. あなたはだれを家族メンバーとしますか。（家族構成員）
　　例．父，母，弟，おばあちゃんなど

B. どのような関係が家族だと思いますか。（家族の条件）
　　例．血のつながり，一緒に住んでいるなど

C. 世の中にはどのような家族がいるか。（家族のかたち）
　　例．子どものいる夫婦，父親が単身赴任の家族，別々に暮らしている親子など

---

2. 人が考える家族と家族に求めているもの

　ところで，もしも，先に示したような家族に関わるメッセージにおいて，送り手と受け手とで，そもそも家族についての認識のズレがあったら，会話をしている人同士の間で何が起こるでしょう。

　皆さんは普段の生活において，家族という理由でご飯を食べさせてもらったり，屋根のある住居で寝起きできたり，大学へ行ったり，洋服を買ってもらったりと家族の誰かに経済的に助けられているでしょう。

　また，家族ということで親が出かけるときに出かけたいのに留守番や妹の世話を頼まれたり，安売りの卵パックを1つ持ってレジに並んだりと家族から協力を求められることもあるでしょう。

　またあるときは，ペットの名付け親にならせてもらったり，誕生日にケーキでお祝いされたりと家族ということで大切にされたりもするでしょう。

　しかし，ときには近所にオープンした焼肉屋に家族で視察？！にいく重大な予定が，父親の仕事の都合で突如キャンセルになってしまったり，家族ということで我慢をしなければならなかったこともあるでしょう。たとえ焼肉屋の視察が，父の仕事のアポイントメントより先の約束だったとしても。

　家族ということで私たちは普段さまざまな経験をしているといえます。

　おそらく，人が考える家族は同一ではありません。そしてそれは，同じ家族メンバーでさえ，同じとは限りません。なぜなら，人はそれぞれ家族を経験した時期，その構成員，そこでの立場などが異なるからです。そして，それぞれの体験に基づいて「家族」についてのイメージを抱き，それぞれが「家族」にある定義を与えているために，家族に対する認識には差異が生じてくると考えられます。

　ところで，人が家族をどのように捉えているかを調べた研究があるので紹介しましょう。大野（2001）は，人が誰を家族と考えるかを明らかにするために，質問紙を使った調査を行いました。この質問紙は，血縁の有無，仲のよさ，居住形態，扶養関係，法律上の関係などの要因を組み合わせた具体的な人間関係を92通り挙げて，それらをどの程度家族であると思うかを，「家族だと思う（4点）」「どちらかというと家族だと思う（3点）」「どちらかというと家族と思わない（2点）」「家族だと思わない（1点）」のなかから1つ選んでもらいました。

　調査の結果，血縁のある実の親子はなによりも家族の条件とされていることがわかりました。しかし，仲の良さという情緒的な関係が，同居や血縁の有無以上に重要とされる傾向があることもわかったのです。

　つまり，この研究から，人が，親子，夫婦いずれにしても法律関係や同居といったかたちにこだわることより，愛情というこころの結びつきを「家族」の条件として重要視していることがうかがわれたのです。また，この研究では，血縁・婚姻・養子関係のないもののなかでも，「愛情を込めて育てているペット」は家族として，仲の良い夫婦や親子に匹敵する高い評価が与えられていることにも注目です。

3 健康と家族

1. こころの問題と家族

　人というのは，それぞれがさまざまな人生を送っていますね。スポーツや学業，仕事，趣味や人とのつながりなどで喜びや生きがいを感じつつ，ときには悩んだり落ち込んだりしながらも，他者との関係で助けられたりしながら生きています。ときには，普段は喜びを与えてくれる人間関係によって疲れたり傷ついたり，自分自身に自信がもてなくなって落ち込んだり，同じ関係や同じ自分であっても，こころが常々安心や喜び，楽しみを感じる場合ばかりとはかぎりません。

　普段は元気で前向き，周りの人を大切にできる人でも，生活のなかで辛い出来事があれば，一時的に元気が出ず，気持もふさいでしまいます。すると，周りの人を避けようとしたり，元気を取り戻せない状態が続くと，普段できていることができなくなったり，楽しみにしていたことを楽しめなかったりして苦しい思いをしてしまいます。

　大小のさまざまな辛い出来事というのは，生きている限り誰にでも降りかかってきます。Aさんは幼いころから一緒に暮らしていたペットが天に召されました，Bさんは好きな人に好きな人がいることを知りました，Cさんは第一希望の大学に2年連続で落ちました，Dさんの家では父親が仕事を失い，大学進学をあきらめました，Eさん家族が住む地域では大きな自然災害の被害を受けました，などは一例です。

　多くの人は普段の生活のなかで，さまざまな生活上の工夫のなかでこれら**ストレス**に対処し，適切な関係のなかで癒され，元気を取り戻していきます。しかし，対処がうまく行かなかったり，思うように周りの人から助けてもらえなかったりすると，人間関係や学校や仕事などの社会生活に支障がでてくることがあります。

　臨床心理学では，子どもや大人の心理面，行動面の異常あるいは逸脱に関する理解と援助をめざしてきました。その守備範囲は，一般にこころの病気とか不適応と呼ばれる諸症状への対応から，社会に適応しているけれどもより良く生きようとして自分自身のこころを見直す人を支える仕事まで含まれます。教育現場では10数年前から**臨床心理士**と呼ばれる専門家がスクールカウンセラーとして派遣され，不登校や発達の課題によって学校生活が思うように送れない子どもや保護者の相談に応じています。

　ところで，思春期の子どものなかには**リストカット**や**摂食障害**など，自分自身の心と身体を傷つけてしまい悩んでいる人もいます。また，虐待や家庭内暴力，非行などの深刻な親子関係の問題にも専門家が家庭に介入し対応する必要も出てきています。また，一見問題なく学校生活を送っているかのような子どもでも，学校を離れた家庭において，家族メンバーのだれかが**薬物依存**や**アルコール依存**などの依存の問題で苦しんでいたり，親世代すなわち夫婦間で暴力の問題，いわゆる**ドメスティックバイオレンス**（DV）が発生していたりすることがあります。

　そして，子どもの学校問題や発達などは，当事者である子ども自身が困っているだけでなく，その親も同様に子どもの養育で悩んでいます。また，周りから見れば，暴力や行動上の目立った問題が見当たらなくても，悩みを抱えている人はいます。ほかの人からはうかがい知られなくても，家族や知人・友人などの既存の人間関係では，悩みを打ち明けることができずに，孤立してしまっている人もいます。

2. もしも家族の誰かがこころの問題で悩んだら……

　もしも家族のだれかがこころの問題で悩み，これまでのような生活ができなくなっている状況だとしたらどうでしょう。

　たとえば，「中学生の弟（長男）は夏休み明けから学校に行っていない。家でも笑顔が減って，ほとんど自分の部屋で過ごしている。父親は学校に行けと弟に強く言えないようだ。子どものことは母に任せると言ったらしい。弟は行く気がないと断言したそうだが母親が困り果てている。どうすれば弟は学校に行けるのだろう」など。

　あるいは，「わたしの父親は時々母親に暴言をはく。一緒に暮らしているおばあちゃん（父親の母親）が父を注意することはない。母親は父親やおばあちゃんに内緒でお酒を飲んでいたが，先日，医者からお酒をやめるよう注意されたらしい。母親はお酒がないと眠れないと言っている」など，自分の家族ではあたりまえであったけれど，何かの事態で改善しなければいけないがどうすればいいかわからない場合があったとします。

　さて，どうしたらいいでしょうか。

　近年では，こころの専門家とその**クライエント**（悩みを話しに来た人）との一対一のカウンセリングのほかに，家族の再検討が求められてきています。そもそも，もともと家族の人間関係は一般に私的な交わりであるために，家族やその交わりの特徴に対する取り組みは長い間敬遠されてきた背景があります。そうしたなかで，近年，心理学の専門家の間では，個人に起こっている何らかの不適応反応，さきほどのようなこころの問題を，家族のなかで捉えようとする動きが生まれました。言い換えれば，心理的な問題を悩んでいる人だけの精神病理とせず，家族全体を援助の対象として取り組み始めたのです。

　このような，こころの問題が起こった個人はもとより，個人を取り巻く家族関係や家族員全体を対象として行う心理的援助を**家族療法**といいます。

　具体的には，先ほどの例ならば，不登校になった中学生の不登校の問題の場合，学校を休んでいる長男一人がカウンセリングを受けるのではなく，**家族合同面接**（家族メンバーがそろってカウンセラーと話しあう），**母子平行面接**（母親と長男が別々のカウンセラーと話しあう）などで問題の改善に取り組むことも方法の一つです。

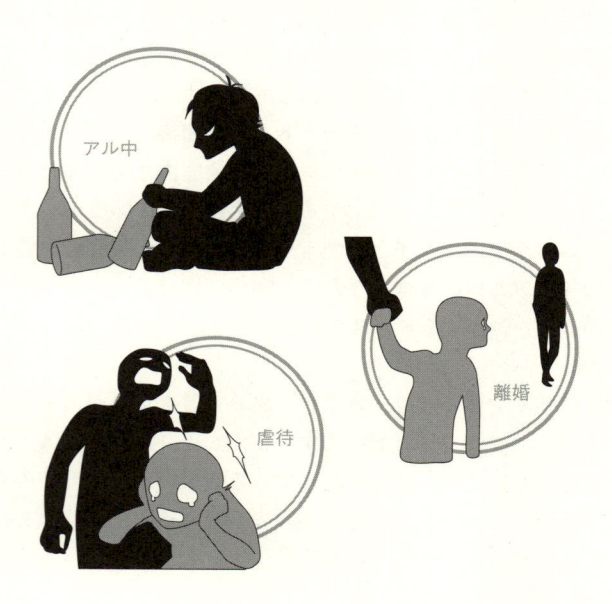

4 発達と家族

1. 家族の人生―家族ライフサイクル―

　皆さんの家族との思い出のなかで，「昔は親と仲がよかったが，最近はほとんど一緒に出かけない」「前は親に自分の部屋を掃除されても平気だったが，今はやめてほしい」など，親との仲が小さいときと今とでは変わったという人も少なくないと思います。

　ご近所同士の会話のなかで，「中学に入学したころから息子（あるいは娘）が今までみたいに言うことを聞かない」とか，「子どもが何を考えているのかわからない」と心配するAさん家族の母親に対して，子どもはすでに成人し，今は夫婦二人だけの生活をしているBさん夫婦の奥さんが，「お子さんが思春期だから大変だね。でも大きくなってる証拠よ」と，母親の先輩としてアドバイスしました。それを聞いたAさんは安心して家に帰りました。

　人にはそれぞれの人生があるなかで，人の人生には共通の課題，すなわちライフサイクルがあるとされています。そして，人と同じように，家族にもそれぞれ家族の人生があり，家族の人生には共通の課題があります。これを**家族ライフサイクル**と呼びます。

　家族はそれぞれ個性的であり，悩みもまちまちのようですが，似たような経験をしている家族同士は，同じような悩みや目標（すなわち課題）をもっているということなのです。たとえば，新婚の夫婦，小さい子どものいる家族，思春期の子どものいる家族，子どもが自立した後の夫婦だけの家族などのように，共通の家族段階にいる家族には，共通の課題があるといわれています。

2. 子どもが社会の仲間として受け入れられるまでの親の役割

　発達心理学の分野では，乳幼児から青年期に至る人間性の発達に関する研究を通じて，家族のもつ機能に関心を示してきました。具体的には，親から子への遺伝的研究，親の子に対するしつけ，出生順位による性格特性などの諸問題に関する調査研究などがあります。

　人が自立して家族のもとを離れ，周りの人とあまり関わりをもたず生きていたとしても，人はつねに，他者と影響を与えあいながら生活しています。そして，私たちがほかの人らと影響を与えあって生きる以上，暮らしのなかにはたくさんのルールがあります。私たちはルールを守り，またルールに守られて生きています。

　たとえば，休みの日に欲しかった本を買いに行くことにしましょう。

　　住んでいるマンションの駐輪場に止めてあった自分の自転車に乗り，駅前の本屋まで2キロの道のりを出かけました。途中，交差点で信号が赤だったので自転車を止めました。やがて本屋さんにたどり着き，店内で売り場の人に，『すみません』と声をかけて探している本の売り場を教えてもらいました。欲しい本を見つけた後，レジ待ちの列に並んで会計し，お店を出る前にトイレを済ませて帰宅しました。

　今の例に出てきた行動，つまり，人のものを許可なく使用しない，交通ルールを守る，挨拶をする，欲しいものにお金を払う，順番を待つなど，これらはどれもほとんどの人は特別な苦労なく日常の生活で行っているでしょう。

　ところで，いったいだれがこれらの行動を教えてくれたのでしょうか。

もしも，これらがうまくできなければどうでしょう。人の自転車を勝手に使用して叱責を受ける，赤信号を渡り車とぶつかる，困っても声をかけられず欲しい本が見つからない，（やっと見つけたとしても）お金を払わずに万引きで捕まる，トイレで並んでいる人を無視して白い目で見られる……。そもそも，自転車に乗れること自体，誰かの手ほどきを受けていますね。

子どもが社会の一員として生活するために，家族がどのように関わり，また子どもの発達に伴って家族関係がどのように変化をしていくかについても研究されています。社会化とは，個人が，自分の所属する社会の一員として必要な知識や社会的スキル，属性などを獲得していく過程をいいます。

たとえば私たちは，人に会ったときに，「こんにちは」「おはようございます」などあいさつしたり，人からの親切に対して「ありがとう」とお礼を言ったりします。これらの行動の一つひとつは，自分が相手に対して敵意がないことを示す方法であったり，人間関係を良好に保つための**社会的スキル**の1つなのです。

ほかにも，トイレは決まった時間に決まった場所で，とくに苦労なく行っている人が大半だと思いますが，これも**社会化**の1つで，皆さんが子どもの頃母親などおうちの方から受けたトイレットトレーニングの成果なのです。

5　人間関係と家族

1. まわりを見渡し，社会を知る

ところで，一般に嫁と姑は仲が悪いと言われますが，本当でしょうか。ある夫婦では，休日の過ごし方は二人で話し合いますが，別の夫婦では夫がすべて決めてしまいます。また別の夫婦では，妻と夫が協力して子育ても仕事も分担していますが，別の夫婦では，夫は仕事をし，妻が家事と育児を担当しています。

どの家族もそれぞれ特徴があり，家族の存在は唯一無二です。私たちは，ひとつの家族の日常を知るためには，他の家族で起こっていることも同時に考える必要があります。

社会的状況下における人の心理や行動の法則性を追求する社会心理学では，家族における夫婦関係やきょうだい関係などを対人関係という観点から捉えて研究がされています。集団力学の研究方法の応用によって，夫と妻の関係，妻と姑の関係などの理解が可能となりました。

社会心理学の特徴は，ずばり，だれもが日常生活で経験する身近な問題を研究しているという点です。私たちの日々の暮らしのなかには，さまざまな興味深い側面が多くあります。

たとえば，赤信号を渡るときと渡らないときの行動の違いはどこから来るか，人を助ける行動が起こるときと起こらないときの違い，なぜ暴力が起こりどう他者に影響するか，うわさはどう広がるか，しぐさや態度などの**コミュニケーション**の働き，人付き合いの技術に差はあるのか，人と比べるこころや孤独なこころ，信じるこころや自分を見つめるこころ，人に見せる自分と見せない自分，人はどのような人に魅力を感じるかなど，研究テーマは多岐にわたります。

そのなかでも，人それぞれのストーリーがあるだろう極めて個人的な恋愛や結婚，離婚などの対人関係についても，社会心理学で明らかになったさまざまな人間行動に関する理

論を応用させて，その行動が解き明されてきています。

たとえば，結婚相手（パートナー）選びは**配偶者選択行動**とよばれ，恋愛行動と同様に研究がすすめられ，家族問題の理解に役立っています。そして，結婚生活の継続，恋愛の過程（プロセス）など，行動を理解したり予測したりすることが可能な理論や行動モデルも多く提案されています。それらのなかには，実生活の参考になる知見が多くあります。

ほかにもコミュニケーションやジェンダー，**ステレオタイプ**など，家族の今を知るための社会心理学の理論や概念は多く，研究で明らかになった情報は日々更新され続けています。

2. 家族のなかの人間関係

皆さんのなかには，人間関係といえば，学校，あるいは職場などが最初に思いつくのかもしれません。しかし，家族にも人間関係は存在しています。それでは，家族のなかにはどのような人間関係があるでしょうか。

家族における人間関係とは，夫婦関係，親子関係，母子関係，父子関係，きょうだいなど，ほかにも祖父母と孫の関係や義理の親子などがあります。人間関係のあり方は，私たちのこころの平和や満足ととても関係の深いものです。たとえば，たとえ社会的経済的地位が高くぜいたくな暮らしをしている人でも，家族のなかでわかりあえず孤独を感じ，息の詰まる思いで暮らしている人よりは，金銭的には豊かでない生活を送っていても家族が互いに信頼感で結びつき，心落ち着く関係でいる人の方が幸福感は高いかもしれません。

（1）親子関係

皆さんは日頃親と仲良くできているでしょうか。皆さんと皆さんの親とはどのような関係でしょうか。

仲がいい，冷たい，温かい，疎遠な，親密な，距離のある，ほどほどの，などいろいろな表現ができるかと思います。人間関係は，あるかないかという関係の有無だけでなく，どのような関係性かという関係性の質がとても重要とされています。そして，関係性のあり方は，私たちの日々の行動結果を説明したり，また，行動を予測することも可能にします。また，関係性は対人関係，人間関係をさす言葉なので，"わたし"の一人称だけでなく，"あなた"もしくは"あなた方"という相手の存在があります。そのため，関係性をどう捉えるかが双方で一致しているとは限りません。ズレが生じることも多々あります。

ところで，親子関係とは「親と子との力動的で双方向的な影響が協働する過程」をいいます。難しい表現ですね。

心理学の分野では，親子関係といえばこれまで母子関係が中心的テーマとして研究されてきました。近年では，父親の家庭関与や父子関係，子どもから親への影響などに着目した研究もすすめられています。

ところで，親子げんかはなぜ起こるのでしょうか。そもそも，子どもに対する親の認知と，親に対する子どもの認知にはズレがあるのです。親子げんかを説明する要因は認知のズレだけではありませんが，親子といえども別の人格という感覚は必要なようですね。

(2) 夫婦関係

ところで，3節1で述べたようなアルコール依存や児童虐待，夫婦間暴力，子どもの不登校などは，特別な家族に起こっているかのようですが，どの家族にもその当事者になる可能性がないとは限りません。問題が発生した家族の事例を検討することで，予防的な観点から心理教育に活かすことはできますが，問題をはらんだ夫婦や親子の研究だけでは，結婚や夫婦についての一般的特徴を知るのは限界があります。

今日の晩婚化や少子化，あるいは離婚の増加などは，一部の人々に限った特徴的な現象ではなく，一般の人々に通じるこころの問題による現象なのです。

たとえば，夫婦関係に関するものでは，数年前から中高年者の離婚が問題になりつつあります。離婚は夫婦関係の終焉のひとつの形態です。近年の離婚の特徴としては，長期にわたる結婚生活を営んだ者同士での離婚が挙げられるでしょう。いわゆる熟年離婚と呼ばれる現象で，テレビドラマにもなりました。その背景にはどのような社会的背景および人のこころ模様があるのでしょうか。

たとえば，20歳代から60歳代の夫婦を対象とした**質問紙調査**から，配偶者への愛情・結婚への満足は夫と妻の間でズレがあり，妻は年々夫への気持ちが冷めるとの報告もあります。夫婦間のコミュニケーションについて，年代別，日米で比較した研究からは，日本の夫婦の特徴として，結婚当初はよく話すが時を経ると会話が大きく減少することや，日本では子どものこと以外活発な意見交換が少ないことなどが明らかとなりました。その他の夫婦間のコミュニケーションに関する研究からは，夫婦間コミュニケーションのズレの実態は量より質の差であることや，夫婦間コミュニケーションを規定する要因として，たとえば，妻の職業的経済的地位がコミュニケーションを対等なものにすることなどが明らかになっています。

(3) きょうだい関係

皆さんはきょうだいがいるでしょうか。何人きょうだいの何番目でしょうか。

きょうだい関係は子どものパーソナリティ発達に影響を与えていると言われています。家族心理学では，親子関係の研究に比べてきょうだい関係の研究は少ないのですが，興味深い知見も得られています。

「長男だからしっかりしている！」「真ん中だからクールだ」「末っ子だから甘えん坊」「一人っ子なので人見知りする」など生まれた順番でその人の性格を表現したことはありませんか。または，皆さん自身の**出生順位**について，ほかの人から何か指摘されたことはありませんか。

出生順位とパーソナリティの関連性は，国内外で研究がされています。外国でなされた研究と日本でなされた研究では，確認された研究結果に大差ないことがわかっています。

つまり，子育てはそれぞれの国や地域で特徴がある，つまり文化があるにもかかわらず，出生順位とパーソナリティの関連性に文化差が確認されていないというのは，興味深いですね。

6 社会の中の家族

1. 影響を与え合う個人と社会

2011年3月の東日本大震災後に，結婚を望む人の数が増えたとの報道がありました。このニュースはいったい何を意味しているのでしょうか。

未曾有の大震災をきっかけとして，人は人とのつながりを再認識し，家族の存在を強く意識したというのです。家族の絆という言葉もあちこちで聞かれました。このように，世のなかで起こったことを手掛かりに，今の社会を生きる人々の思いや時代精神を知ることも可能です。

社会と個人はつねに連動して相互に影響を与えあう存在です。社会のなかで人は家族の生活を営みます。そして，私たちが生きる社会はたくさんの家族の集まりともいえます。すなわち，家族は社会の最小単位といえるでしょう。

もしも，争いのない平和な社会を築きたいと望めば，まず，家族など身近な人に思いやりをもって，仲良く暮らすことが大切です。たとえば，親からの虐待を受けていたり，たとえ虐待を受けなくても，身近に暴力のある生活をしている人は，暴力がない環境で生活する人と比べて，学校や職場などの多様な場面で，暴力で問題解決しようとする可能性が高くなります。これにはさまざまな理由があり，説明がされています。しかし，たとえば，虐待を受けた人が親になったときに自分の子どもを虐待するといった世代連鎖が断定できないのも事実です。

すなわち，私たちは正しい知識を持つことが大切です。正しい知識と言えないもの，それは思い込みの心理です。

2. 思い込みと家族

　私たちは日々，人の行動や心理についてのたくさんの思い込みをもって生活しています。たとえば，「女性は男性よりも親切である」という思い込みをもっていれば，知らない街で道をたずねるときに男性ではなく女性に声をかけますし，「服装が乱れている人はこころも乱れている」と思い込みを持っていれば，服装が乱れている人と親しくしようとはしません。

　このように，思い込みをもつことで，私たちはその都度深く悩むことから解放されて行動を決めることができます。

　大きな災害は一生に一度くらいだと思い込んでいる人は，被害を受けた後に避難訓練をしなくなるなど，思い込みは，私たちの行動を促進したり，抑制したりします。

　ところで，人々は家族に関してどのような思い込みをもっているでしょうか。心理学の研究は，偏った信念や家族神話に着目し，その成り立ちや影響を調べてきました。ここでいう"神話"とは，「真実かわからないけれど多くの人が信じていること」を指します。

　家族に関して，正しいかわからないけれども，なんとなくあたりまえのこととして処理していることはないでしょうか（表2-1-1）。

　人のうわさや，たまたま見聞きしたことを思い込み続けるなど，一度できた思い込みはもち続けられるという特徴があります。思い込みのなかには"ことわざ"のようなものもあり，多くの人が体験的に知っていてなんとなくそう信じてきたもの，共通認識として時代の流れのなかで受け継がれてきたものだったりします。

　たとえば，「3歳までは母の手で」は，**親の養育態度**に関する日本にある言い伝えの1つです。「3歳までは母親が子どもを育てようね」というのが表向きのメッセージです。しかし，このメッセージには，「3歳までは母親が子どもを育てなければ……」という裏メッセージも同時に含まれています。すなわちこのメッセージ上では，たとえば，仕事をしている間は保育園や祖父母に子どもの世話をお願いしている母親や，なんらかの事情で母親と子どもが一緒に生活できない家族などは，少数派（マイノリティ）となります。

　少数派の人のなかには，自分を卑下して自信を失っていたり，必要なときでも助けを求められず孤立してしまうなど，生活や子育てをするうえで悩みが増してしまう人も出てきます。

　そして，思い込みに頼りすぎてしまうと，自分と違う生き方をしている人に思いやりを示すことができなかったり，自分の可能性を狭めてしまいます。そこで，私たちのこころにある思い込みに気づき，広い視野をもつことが大切なのです。

　ところで，子育てに関する思い込みについては，ほかに「**母性神話**」という言葉があります。しかしながら，実は，子どもの養育の様式・時期・内容は時代や文化によって異なります（表2-1-2）。

表2-1-1　家族に関わるたくさんの思い込み

結婚をしたら子どもが生まれる（不妊のカップルもいます）
大人になったら結婚をする（独身でいる人もいます）
お父さんが家族の大黒柱（お母さんが大黒柱の家もあります）
家事・育児は母親がしてあたりまえ（うまくできずに悩む女性もいます）
結婚は男と女でするもの（結婚を望む同性のカップルもいます）
結婚したら幸せになれる（結婚＝幸せとは限りません）

表 2-1-2 子育てもいろいろ

子どもは親が育てるものと決めていないヘアー・インディアン
親以外にも親族・近隣の大人が育てる複数保育のミクロネシアの社会
幼少期は祖父母が育て両親は働く中国の寄養
養育は男女の権利と責任と制定しているスウェーデン
3歳までは母の手で（母が主たる育児者であるべきという規範）の日本

どの方法も一長一短あるでしょうが，子育てもいろいろとは興味深いですね。

3. 大学の講義で学べること

　この章で紹介したことは，家族心理学で学ぶことのごく一部です。実際には，もっとたくさんの調査結果や資料から家族の諸相を明らかにしたり，家族の関係性やコミュニケーションに関するさまざまな理論を学びます。

　心理学では，人や社会に役立てる研究をするためにたくさんの資料を必要とします。ここでいう資料とは，人から話を聞きとったり，さまざまな意見や日頃の行動をアンケート形式で質問したり，ある状況でどのような行動が起こるか観察した結果のことで，心理学では"データ"と呼んでいます。人々の意識や行動についての理解を深めるためには，データを収集し，分析し，なぜそのような結果が得られたかを考える必要があります。

　データを収集するモノサシは適切か，分析の仕方や解釈は間違っていないか，さらには，得られたデータから新しい提案ができているかを，心理学を学ぶものは常々点検することが必要です。

4. これから学ぶみなさんへ

　教育現場におけるいじめや非行，不登校，児童虐待や薬物乱用，職業の選択，恋をして結婚をすること，先に逝った人を見送ること，どの行動も家族と無関係ではありません。

　学ぶことは想像することです。豊かで楽しい経験です。学ぶことの目的は，新しい視点を取り入れることです。

　家族心理学を学ぶと，自分で考え，行動するためのスキルや選択肢が増え，家族や周りの人への関心が増して楽しみが増えるはずです。

　わかりきったことを調べるのはつまらなく感じるでしょうが，そもそもわかりきっていることは思い込みかもしれません。興味をもったことを調べる，そして調べてわかったことを自分以外のだれかと共有する，これは学ぶことの喜びです。

　さて，あなたの家族のイメージは，あなたが家族について知りたいことはなんでしょうか。冒険してみましょう！

文　献

大野洋子　2001　家族概念の多様性　「家族であること」の条件　鶴川女子短期大学研究紀要, **23**, 51-62.

2 非行臨床の学び方・進め方

1 非行臨床とは何か？

「犯罪心理学」あるいは「犯罪学」という用語はだれしもどこかで聞いたことがあるでしょう。しかし，「**非行臨床**」あるいは「**非行臨床学**」については初めて耳にする人は多いのではないでしょうか。確かに，非行臨床という用語はまだまだ一般的とはいえません。

私自身はこれまで，この非行臨床という用語を好んで使ってきました。なぜ，非行心理学ではなく，非行臨床を使うかというと，非行という事象は心理学だけからの見方ではなかなか解明しにくいところがたくさんあるからです。また，非行を理解するためには，心理学だけでなく，社会学あるいは教育学，福祉学，法学などの多面的な領域からのアプローチが必要になってきます。そうすることでようやく非行が理解できるようになるのです。さらに，非行臨床を実践している人にとっては当然のことなのですが，非行をする人（**非行少年**）だけに焦点を当てていたのでは理解が一面的となってしまいます。非行を総合的に，しかも深く理解していくためには，少年を取り巻く家族や学校，社会までをも見渡したアプローチがなされなければならず，同時にそこに臨床的視座を入れていって初めて理論と実践が結びついた学問になります。そのためには，**加害者**側の立場からだけではなく，ときには**被害者**側の視点も取り入れた複眼的な観点から非行や犯罪を理解していくことが必要でしょう。しかも動機の解明に終わらずに，非行からの更生や予防にはどのようなことが必要かという実践が積み重ねていくことが求められています。

以上のことが，私が非行臨床という用語を使用する大きな理由です。実際，非行臨床という用語を使う学者や実務家が最近は増えてきています。従前に行われていた単なる非行研究とは違って，非行臨床は対象者との関わりのなかから生まれ，彼らへの援助のあり方や技術，理論を追求する学問であり実践であるといえましょう。

2 非行臨床家としての職種と仕事

次に，非行臨床にたずさわっている職種や仕事がどのようなものがあるかについて取り上げたいと思います。意外にも，非行臨床を専門領域とする実務家や研究者はたくさんいます。

私自身は，長年，家庭裁判所で家庭裁判所調査官という仕事をしてきました。この仕事は，警察等から**家庭裁判所**に送致されてきた少年事件を担当し，少年や保護者に面接したり，ときには家庭や学校を訪問して，非行動機や家庭環境，生活状況，性格などさまざまなことを調べます。そこでは心理テストなどを活用した臨床心理学的な知識や技法だけでなく，関係機関などとの調整や連携を図るなどのケースワーク的な動きが求められたりもします。試験観察といって，最終処分を保留し，家庭裁判所調査官との関わりやグループワークをするなかで，どのように少年が変化をするのかを観察したりもします。このような仕事は精神的にはハードですが，責任とやりがいを感じるものです。

　家庭裁判所調査官以外の非行臨床の職場や職種としては，法務省が管轄する**少年鑑別所**や少年院における**法務教官**や**法務技官**，同じく法務省の管轄する**保護観察所**の**保護観察官**があります。これらは所属する機関によって，仕事内容が違ってきますが，心理的，教育的，福祉的に関わっていく職種であるといえます。また，児童福祉施設である**児童自立支援施設**の児童自立支援専門員や児童生活支援員，**児童相談所**の**児童福祉司**や**児童心理司**は福祉現場として非行臨床を実践する機関と職種です。さらに，警察の組織である少年サポートセンターの警察官や少年補導職員などは事件の捜査だけではなく，非行の防止や啓発の活動も行っています。

　以上に挙げたのはほんの一部の非行臨床を仕事とする職種ですが，それ以外の職種でも非行のケースを扱う場合があります。たとえば，学校の**スクールカウンセラー**，**スクールソーシャルワーカー**，青少年センターらの相談員などがあり，多種多様の職種や機関が非行に関わるといえます。

　非行臨床に関わる機関はさまざまで，それぞれの担っている役割が違うため，そこで働く非行臨床家の仕事内容や専門領域も異なります。しかし，いずれの場合も少年が非行から立ち直るために日々格闘し，非行を防止し社会を安全安心なところにするためにどのように取り組めばいいのかを考えています。

3　非行臨床と一般の心理臨床との違い

1. 非自発性からスタートする臨床

　非行臨床は非行を取り扱う臨床なのですが，それは不登校やひきこもりなどを取り扱う一般の心理臨床とはどこが違うのでしょうか。

　確かに，自ら悩みだれかに相談したいと思って心理臨床家のカウンセリングを受けにくる場合と非行のケースは少し違います。一般の心理臨床のクライエントは，ほとんどの場合は自発性をもって来談し，自己の問題解決を図ろうとします。それに対して，非行臨床の場合は，自らの悩みはないわけではないでしょうが，自らそれを解決しようと非行臨床家の前に現れることはほとんどありません。自発的に来談するというよりも，事件を起こしたのでむしろ半強制的に（ときには強制的に）出頭させられるといった方が正しく，通常はそこからスタートするのが一般的です。

　しかし，非行臨床家との関わりのなかで，次第に少年は自分の内面に目を向けたり，やってしまったことを客観的に受け止めて反省したりと変化をしていきます。最初は半分ふてくされた態度を示していた少年も，少し目を輝かせて人の話を聞こうという姿勢が見えてきます。実はそれが非行からの立ち直りの兆しであり，非行臨床家はそんな小さな変

化も見逃さず，更生に向けた動機付けを高めさせます。

　このように一般の心理臨床と非行臨床とは，そもそも臨床家のもとを訪れる動機付けが違っており，自発性の点での違いがあります。しかし，最初はそうだったとしても，非行臨床家の関わりによっては，動機付けを高め，自ら自発的に問題解決をしていこうと少年の意識は変わっていきます。また，変わるように臨床家は援助していくわけです。そこが非行臨床の特徴であり，おもしろさでもあります。

2. 枠の臨床

　非行臨床全体を一言でまとめて表現するとすると，「**枠の臨床である**」と私は思います。つまり，非行とはある一定の枠から逸脱した行動であるわけですから，それを枠の範囲に行動が収まるようにすることが非行臨床だと思っているのです。

　ここでいう枠とは，法律であったり，規則や約束であったり，ときには常識や基本的な生活習慣を指したりもしますが，それを破ってしまうから不適応な行動（＝非行）と見なされてしまいます。そのような少年に対して，枠に収まるように行動を修正させていきます。そして，適切な枠が見つかれば，枠からはみ出すこともなく，枠のなかで快適に過ごせるようになります。いわゆるこれが非行からの更生となるのです。その意味では，少年に合った枠をいかに見つけ出し，少年に枠を適切に提供してやるかが非行臨床では何より重要だといえます。

　しかし，強引に枠を設定し，少年をその枠に縛り付けておくだけのアプローチでは，決して枠は活かされません。そのうちに枠からはみ出す行動が出てきます。そうならないためにも，外的な枠を活かした関わりをするなかで，少年の内的な枠を育み，両者の枠の機能が十分に発揮されるような関わりをしていくことが大切なのです。たとえば，悪質な非行を繰り返し，自己を内省する力の乏しい少年がいたとします。彼を更生させるためには，施錠が認められ，行動を制限する外的な枠のしっかりした少年院のような施設で一定期間生活をさせることが必要と判断されるかもしれません。しかし，単に身柄を拘束するだけではなく，外的な枠のしっかりしたところで心の安定を取り戻し，守られた空間のなかで今度は自分を見つめ直して，内的な枠を強固に築いていけるような取り組みがなされなくてはなりません。それがうまくいくと，**少年院**を出て社会に戻ってきても，内的な枠が少年のなかで築かれているので，今度は安易には枠を逸脱することはなくなります。

　要するに，非行臨床は少年に応じた枠を用意し，その枠を少年にどう投げかけ，それを少年が活かせるようにしていくかの実践であるといっても過言ではありません。先ほどは少年院という例を挙げましたが，何もそれだけが枠ではありません。たとえば，少年との約束一つをする場合でも，とても実現できない約束事を決めても効果がありません。逆に，「真面目になること」というように，ありきたりで，しかもだれでも当然履行せねばならないような約束事をしても無意味です。少年と非行臨床家との信頼関係の上に取り交わされた個別的で具体的な約束であるからこそ，その約束が少年の行動枠となるのです。そして，その枠を遵守することが自分自身を守ることなのだということを自ずと知っていきます。さらに，枠のなかで生活することがいかに心地よいことかをつかんでいきます。枠は決して自分を束縛するものだけではなく，自分を守ってくれる保護の役割を果たしてくれるのです。

3. 連携が問われる臨床

　もう一つの大きな非行臨床の特徴を挙げるとするならば，「**連携が問われる臨床**」といえるかもしれません。

　ここでも具体例を挙げてみましょう。ある中学3年生の少年が人を殴って怪我をさせたとします。すると，この少年は傷害事件として警察で事情聴取を受け，家庭裁判所に送致されます。場合によっては心身鑑別の必要があると判断され，少年鑑別所に入所させられるかもしれません。家庭裁判所は家庭だけでなく，学校にも連絡してこれまでの学校での状況を調査します。そして，審判において，仮に少年院送致となった場合は少年の身柄は少年院に送られ，そこで一定期間の矯正教育を受けた後，社会に戻ってきます。ただ，まだその段階では仮退院の状態であるため保護観察が付き，月に数回，担当の保護司のもとに訪問を課せられ，生活状況等を報告する義務を負います。

　このように，1つの事件を起こしても，いろいろな機関が関与し，それぞれの職種の非行臨床家が少年に関わります。これはほんの一例に過ぎず，少年の年齢や事案の内容によって，もっと多くの機関が関わることもあります。

　ところで，**カウンセリング**などを行う心理臨床相談室のケースでは，1つのケースでこれほど多くの機関とつながることはまずありません。不登校のケースなどでは，心理臨床家が学校と連携をすることはありますが，連絡をしない場合も珍しくはありません。そのため，1つの心理臨床相談室でケースが完結してしまうのです。しかし，非行臨床の場合は，1つの機関でケースが完結することはまずありえません。これは非行臨床が一般の心理臨床と違う点だといえます。

　そこで非行臨床に欠かせないのが，機関と機関の連携であり，職種間の協力体制です。これを円滑にさせるかどうかで，少年への処遇効果はかなり違ってきます。円滑な連携や協力関係を築くためには，他の機関の仕事内容や実情をしっかり理解しておくことは何よりも大切です。そして，それ以上に自分の仕事の守備範囲をしっかり掌握し，その責務をまっとうするようにしてこそ，初めて機関同士のつながりが生まれます。そのためにも，日頃から機関同士の意思疎通に心掛けなければなりません。

4　非行臨床と近接する領域

　非行臨床を探求していくと，非行がさまざまな事象とつながっていき，そこには思ってもみなかった関係が見て取れることがあります。また，それを読み解いていくうちに非行のメカニズムが今まで以上に深く理解できたりすることもあります。

1. 児童虐待と非行との結びつき

　その1つが**児童虐待**との関係です。

　「あんな育て方をされては，子どもが悪くなるのもあたりまえ」ということは昔から言われてきました。つまり，虐待という不適切な養育をしていると，その悪影響が子どもを非行に向かわせるというわけです。このように，これまでから虐待と非行とは旧友のようにつながりが強いと考えられてきました。

　しかし，近年になり，その関係が再度見直されるようになってきたのです。それは虐待を受けない，いわゆるフツーの家庭の子どもも非行をする場合が近年では少なからずある

からです。要するに，虐待と非行は一直線のつながりではなく，もっと複雑な要因が絡み合っていると考え始められました。また，虐待研究などが進み，**トラウマ**などの心理的なメカニズムが解明されるようになりました。その新たな概念を非行行動に当てはめてみたところ，これまでなぜそのようなことをしたのかわかりにくかった非行動機が理解できたりするようになったのです。このことも虐待と非行の関係を見直すきっかけになりました。

たとえば，殴る蹴るといった身体的虐待を受けて育った子どもが，思春期以降になって，暴力を振るうなどの問題行動を起こすことがしばしばあります。ときには家庭内暴力や人を傷つけ被害者を出すという事件に発展したりもします。あるいは年齢が大きくなると，DVのように配偶者に暴力を振るうこともあります。身体的虐待と暴力との関係はどう理解したらいいでしょうか。

ここでは詳細を述べることはできませんが，親の暴力（身体的虐待を行う行為）のまねをして自身も暴力を振るうという理解はたやすくできます。しかし，それだけではありません。虐待を受けることで子どもはちょっとした周囲の言動でも過敏に反応し，不安や恐怖心が強いからこそ，ちょっとしたことでも苛立って過剰な行動（暴力）に出てしまいやすくなります。あるいは暴力を受けた被害者は大人であっても子どもであっても同じなのですが，何もかもにやる気をなくし無気力状態に陥れられます。自分自身のパワーが吸い取られた状態になってしまうのですが，そんな自分にパワーを感じさせる手っ取り早い方法は暴力を振るうことなのです。暴力を振るうと，相手はこちらを恐がります。そんな姿を見て，自分にパワーを感じたりするわけです。もっともそれは本当のパワーではないのですが，暴力によって無気力となった者が見せかけだけでもパワーを取り入れようと思った結果といえるかもしれません。このように身体的虐待と暴力の関係一つをとってもいろいろ複雑な要因が絡みあっています。逆にいえば，それを読み取ることで暴力のメカニズムが明らかにできます。

2. 発達障害と非行とのつながり

次に，**発達障害**と非行についての関係について見ていくことにしましょう。

発達障害と非行とのつながりというと，発達障害がある子どもは大きくなって非行を犯してしまうと誤解する人がいますが，それは大きな間違いです。発達障害があったとしても，適切な支援があったり，周囲とうまくやっていけたら非行という問題を起こすことはほとんどありません。しかし，周囲との折り合いがうまくつかなかったり，支援が十分に届かなかったりすると，本人のストレスは増幅して行動が逸脱してしまいやすくなります。

ストレスが非行に結びつくことは何も発達障害者に限らず，定型発達者にも同じことがいえます。しかし，発達障害者の場合，障害を抱えているゆえにそのストレスが高くなることは確かでしょう。

ところで，発達障害者の非行をよく見ていくと，発達障害の特性が非行のあり方と深いつながりがあることがわかったりします。

たとえば，**広汎性発達障害（PDD）**がある少年で，対人関係における距離感が取りにくく，相手の気持ちを読み取ることを苦手とする特性があったとしましょう。その少年は自分が好意をもった人には相手のことを配慮せず，顔がひっつくのではないかと思うぐらいに近づいて話をしたりします。その子が思春期になり，好きな女の子ができて，今にも接触しそうな勢いでその女の子に近づいていったら，相手は嫌悪感を抱いてしまいます。彼女が嫌がっていることさえ察しがつかず，彼女の後をつけ回してしまうと，今度はストー

カーとなった犯罪に発展しかねません。

今度は**注意欠陥多動性障害（ADHD）**の少年の例を挙げてみたいと思います。この少年は自分の関心のあるところには注意が持続できるのですが、そうでない場面ではすぐに不注意となったり、落ち着いた行動が取れずに衝動的になってしまいやすい特性がありました。あるとき、彼が休み時間中に教室にいると、教室の隅で数名が話をしており、その会話のなかに彼の名前が出てきました。注意をして聞いていると、そのクラスメイトは次の授業のグループ分けを相談していたことがわかったのですが、彼は自分の名前が出た瞬間に自分の悪口を言っていると思い込み、クラスメイトに暴力を振るってしまいました。もっと注意をして状況把握に努めたり、全体の雰囲気を察知できる力があればこんな誤解はしなくてすんだのですが、発達障害という特性があるがために、こんな過ちを犯してしまいました。

いずれにせよ、発達障害と非行とのつながりを見ていく場合は、発達障害の特性をよく理解してアプローチすることが大切です。一見、なぜこんな行動をしたのか動機が理解しにくい場合もあるのですが、よくよく調べてみると、彼なりの独自の理解が映し出されることも少なからずあります。そこさえわかれば、今度はそれを予防する方法を考え、同じ過ちを犯さないように学習をさせる支援をすればいいのです。

発達障害者が非行をしてしまった場合、定型発達者の非行少年のように「自分のことをもっと反省しなさい」「被害者のことをよく考えなさい」などといっても、効果があまりないことがあります。なぜなら、発達障害があるがために、人への共感する能力が低かったり、自分を見つめることがしにくかったりするからです。そこで、個々の発達障害者の特性に合わせた指導法を見つけ出し、非行から距離を置かせる手立てを探すことの方が有効なアプローチになることがあります。

5 非行臨床の学び方

1. 技法よりも作法

これまで非行臨床が一般の心理臨床とは違っている点を強調してきたのですが、最も大切なことは非行臨床でも一般の心理臨床でも基本は同じだということです。なぜなら、人が人に出会い、支えあっていくことは昔も今も、どのような場面や状況であろうと変わらないと思うからです。そのため、相手が非行少年であろうと不登校の生徒であろうと、被害者であろうと加害者であろうと、基本になることは変わりありません。それをいつも臨床の出発点にしたいと私は思っています。

そこで私が臨床を学ぼうとする者につねづね口にすることは、「技法よりも作法だ」ということです。人の話を技法で聴くのではなく、まずはこちらの襟を正して、まっすぐな心で話を聴くという作法が何より大切だと思います。しかし、実際のところはこのようにはいきません。目の前の相手をありのままに受け止められずに、すぐにこちらの先入観で捉えたり、相手の気持ちを自分の気持ちと混同させて受けとったりします。相手の話を聴いているように見えて、案外、形式的、表面的にしか聴いていないことがしばしばあります。確かに、技法は重要ですが、まずは作法を心掛けたいと臨床を学ぶに際して肝に銘じたいと思います。

2. 自分を客観視できること

　臨床家としてやっていくためには，目の前にいるクライエントのことだけではなく，自分自身のことをわかっていないといけません。カウンセリングではカウンセラーはクライエントをありのままに映し出す鏡のようになることが求められます。しかし，映し出す自身の鏡が曇っていては何にもなりません。つねに鏡を手入れし，磨いておくことが必要です。それには，臨床家自身が自分のことを振り返り，客観視できる力を備えておくことが必要です。

　このことも言うのは簡単ですが，実際にはなかなか難しいものです。人間というのは弱い存在です。自分の都合の悪いこと，不愉快になることは避けて過ごそうとするところがだれしもあります。そのため，勝手な解釈をして事態を自分の視点でしか捉えず，相手との二人称の視点や第三者としての三人称の視点に身を置こうとはしません。そうなると，自分の臨床活動は独断的となってしまい，周囲からは共感や支持がされないものとなる危険があります。

3. 知識よりも知恵

　そして，最後に臨床をしていく上で何が必要かというならば，私は"知恵"を挙げたいと思います。心理臨床を学ぶに当たって，さまざまな理論や技法を習得していくのですが，その知識は決して無駄ではありません。むしろそれがなければ適切な心理臨床はできないといってもいいでしょう。

　しかし，悩んで来られたクライエント，生き方に四苦八苦されているクライエントを目の前にして，これまで身につけた臨床家の知識をクライエントに提供してもそれで解決するわけではありません。大切なことは，クライエントと一緒に深くまで物事を考えていくという臨床家の関わりを通して，クライエントに知恵が生まれることなのです。これはクライエントが生きるために絞り出された力であったりもします。臨床家はクライエントの知恵を生み出す器になったり，土壌になったり，肥やしになったりするわけです。いずれにせよ，この知恵が結実することが臨床のとりあえずの到達点といえるかもしれません。何度も繰り返すようですが，「知識よりも知恵」を大切にし，クライエントとともに生きる術をともに探していく臨床家でありたいと思っています。

文　献
橋本和明　2004　虐待と非行臨床　創元社
橋本和明（編著）　2009　発達障害と思春期・青年期―生きにくさへの理解と支援　明石書店
橋本和明　2011　非行臨床の技術―実践としての面接・ケース理解・報告　金剛出版

3 物の見方や考え方と脳の関係
—認知心理学—

1 認知心理学って，何？

　認知心理学（Cognitive Psychology）とは，人間の**認知機能**のしくみを研究する心理学の一分野です。つまり，認知心理学が研究対象として目指しているのは，感覚，知覚，記憶，学習，思考，推理など，ものごとを知る認識過程がどのようなしくみで働いているのかを明らかにすることです。

　歴史的には，19世紀末から20世紀初頭にかけての心理学は黎明期にあり，研究の方法論がまだ十分に確立しておらず，当時の心理学者たちは，どのようにして心理学を「科学（science）」にするのかという問題を抱えていました。そこで，1910年代〜1950年代には，研究の対象を客観的に観察することができるヒトの行動に限定した「行動主義」の立場が一世を風靡し，それまでの研究対象としていた意識や認知過程は客観的な観察ができないため心理学の研究対象から除外される時代がありました。

　しかし，その後，急速な発展を遂げてきた情報処理学の考え方が取り入れられ，コンピュータと同様に人の認知過程なども情報処理モデルの概念で説明できるとされ，ナイサー（Neisser, 1967）が『Cognitive Psychology』の題名で本を著して以降成立した比較的新しい心理学の一分野が認知心理学です。

　さらに，1960年代〜1970年代にかけて，心理学の世界における認知革命とよばれる時代を経て認知心理学は急速に発展を遂げ，現在は基礎となる実験認知心理学のみならず，情報処理学や言語学などと密接な関係を有する認知科学や，神経心理学や精神生理学などと密接な関係を有する脳科学との連携のもとにさらなる急速な発展を遂げてきています。

　そこで，本章では，近年の「心と脳の関係」に関する知見をふまえて，認知心理学について概説します。

2 心はどこにある？

　「心は，どこにありますか？」と訊かれたら，皆さんはどこを指さすでしょうか？　自分の心臓のある胸を指さす人もいるでしょうし，脳のある頭を指さす人もいるでしょう。
　「我思う，ゆえに我あり。（コギト・エルゴ・スム：ラテン語）」の言葉で有名なフランスの哲学者であるデカルト（Descartes, 1649）は，心は「我，思う：cogito」，つま

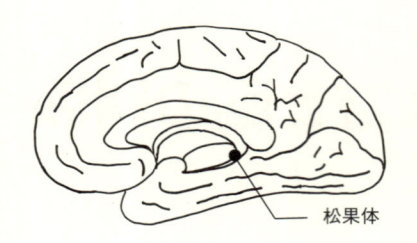

図 2-3-1　大脳内側面および松果体

り，自由意思をもつものとし，一方，身体は物理的運動を行うものとし，それぞれ独立した実体であるとしました。これを「**心身二元論**」と言います。そして，同時に，脳の最奥部の中心に位置する松果体（腺）や動物精気，血液などを通じて心と身体は相互作用することも説いています。

また当時，脳のほとんどの部位は左右対称2つずつの構造物があるのに，唯一，1つの構造物に見えた松果体（図2-3-1）に心が宿っているとされました。この松果体は，赤灰色でグリーンピースほどの大きさであり，現在は左右2つの大脳半球に分かれた構造であることや，とくにメラトニンの生成機能があり，**概日リズム（サーカディアンリズム）**をコントロールしていることがわかっています。

3　中央演算装置（CPU：Central Processing Unit）は，大脳？

　ヒトの脳は，その機能により脳幹，間脳，小脳，大脳（正式には終脳）に大きく分類されます（図2-3-2）。脳幹は延髄，橋，および中脳からなり，呼吸や体温調節など，基本的な生命維持の機能を司っており，コンピュータの電源装置や温度上昇を防止するシロッコファンと同様の役目を担っています。また，間脳は視床，視床上部，視床後部，および視床下部からなり，嗅覚を除く感覚神経の中継中枢および自律神経系中枢があり，コンピュータのインターフェイスユニットと同様の役目を担っています。さらに，小脳は内耳からの平衡感覚を受けて体のバランスを保ったり，筋肉の緊張を保ったり，筋肉運動の調整の機能を司っています。

　大脳は旧皮質と新皮質からなり，系統発生学的に古い旧皮質は魚類からみられ，食欲や性欲などの本能的な活動や，怒りや恐怖といった情動の機能を司っています。新皮質は爬虫類からみられ，とくに哺乳類のなかでもチンパンジー，ヒトなどの霊長類ではとくに広大な領域として進化を遂げました。そして，ヒトなど霊長類では，新皮質の発達に伴い，喜びや悲しみなどの感情が備わったと考えられています。また，ヒトらしさの機能を司る大脳新皮質は4つの葉に分類でき，前頭葉は**計画性**，**遂行機能**，**行動抑制**，頭頂葉は**空間認知**，側頭葉は**文脈理解**，後頭葉は**視覚**に関する認知機能などに深く関与しており，コンピュータのCPU同様の機能を担っています（図2-3-3）。

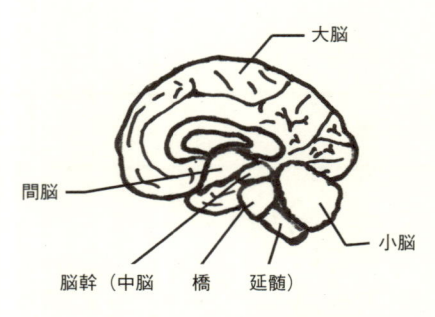

図 2-3-2　ヒトの脳の構造

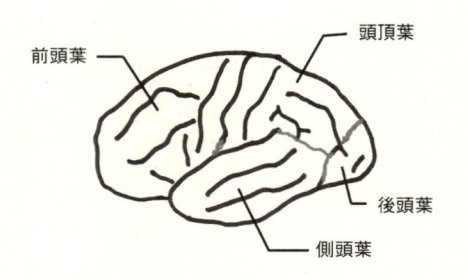

図 2-3-3　大脳外側面および4葉

4　正しく物を見る自信がある？

　あなたは物を正しく，客観的に見る自信がありますか。図 2-3-4 は心理学者のトンプソン（Thompson, 1980）が，イギリスのサッチャー首相（当時）の顔写真の一部を加工して作成した，有名なサッチャー錯視図です。左図および右図のいずれもサッチャー首相だと，さほど違和感なく認識できますが，本を上下逆にして見てください。とたんに，片方が驚くほどの表情に変化して認識できるはずです。このように，通常，ヒトは他人の顔にある眼や鼻や口などの形態や配置のわずかな相違を個々の相貌として瞬時に見分けることができますが，顔の上下を逆にすると**相貌認知**は非常に難しくなります。このような現象は，他の視覚像に対しては見られないことが明らかになっています。このことから相貌認知は，他の物体認知とは異なる神経回路で処理されており，とくに後頭葉の紡錘状回との関係性が深いと考えられています（図 2-3-5）。

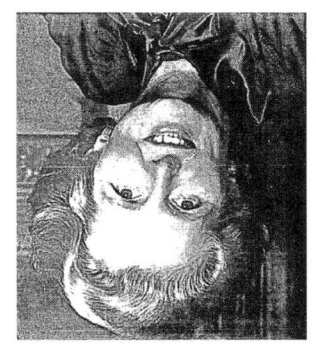

図 2-3-4　サッチャー錯視図（Thompson, 1980）

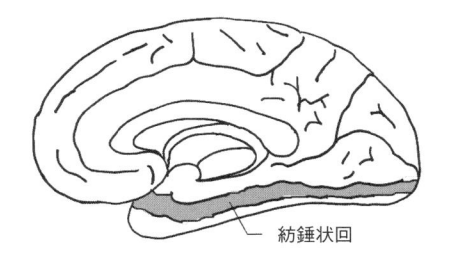

図 2-3-5　大脳内側面および紡錘状回

5　地図を読むのは得意？

　あなたは地図を読むのは得意ですか。一般的に男性は**絶対的方位感覚**に優れ，女性は**相対的方位感覚**に優れていると言われています。たとえば，ある目的地までの道順を理解する際，男性は地図を読むのに絶対座標系で理解をする傾向があり，地図を上下逆にして読む場合も，絶対的な方位を自分なりに補正します。一方，女性は自分を基準とした主観的な相対座標系で理解する傾向があり，自分の進行方向にあるランドマーク（地理的特徴物）

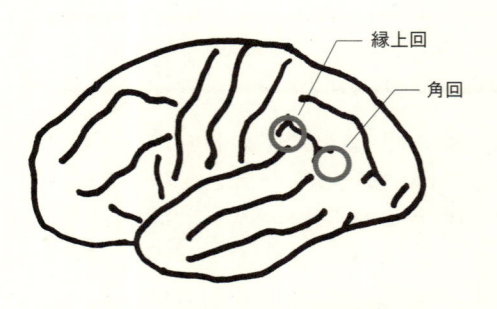

図 2-3-6　大脳外側面および角回と縁上回

を頼りに左右の道順を選択および理解する方法をとると言われています。この原因は，人類進化の歴史とからんだ遺伝的なものであり，個人の能力差による違いとは異なるとも言われています。

一般的にヒトは右利きが多く，左脳は言語的活動に，右脳は空間的活動に深く関与しています。そして，男性は女性に比較して左右大脳の**側性化**が強く，空間的活動が女性に比べて得意であり，女性は言語的活動が男性に比べて得意であると言われています。また，成人の高次脳機能障害における**失書**は角回，**失読**は縁上回（図 2-3-6）との関連性が報告されており，発達性読み書き障害（developmental dyslexia）の研究でも同部位周辺領域の機能低下がみられますが同時に優れた**視空間認知機能**を発揮する場合もあることが指摘されています。ヒトが文字を扱うようになってからの歴史はごく短いので，これらのことから，書字の機能に関与する角回や読字の機能に関与する縁上回周辺領域はそもそも視空間認知機能を司る脳領域であったことも指摘されています。

6　見えない左側の不思議？

右脳は視空間認知機能に深く関与していると先述しました。そして右脳の頭頂葉は，とくに全体の枠組み理解との関連性が指摘されており，図 2-3-7 および図 2-3-8 は，クモ膜下出血によって右頭頂葉に障害が認められた症例における線分二等分検査（中点に印を入れてもらうと，左側を無視するため右側に偏る）と図形模写検査の結果です。この障害を**半側空間無視**（unilateral spatial neglect）と言い，右頭頂葉障害による左半側空間無視は，しばしば認められますが，左頭頂葉障害による右半側空間無視は，まれであることも指摘されています。

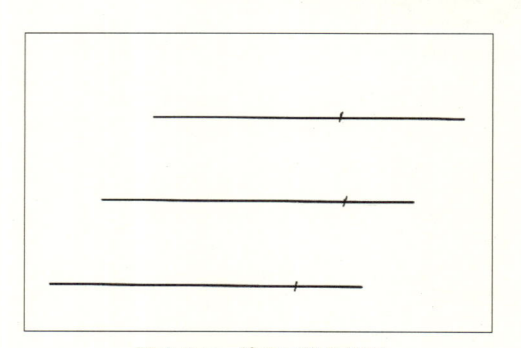

図 2-3-7　線分二等分検査

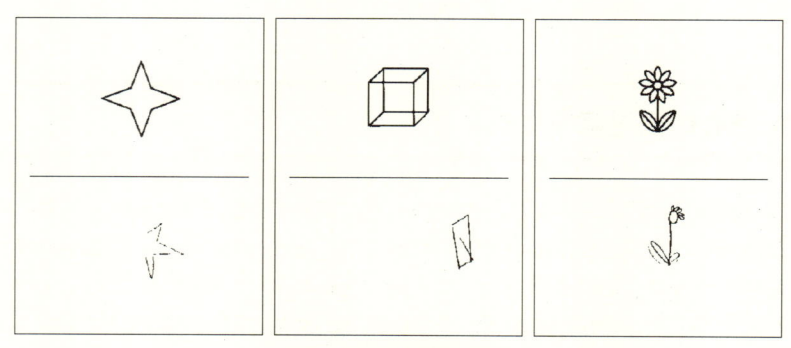

図 2-3-8　図形模写検査

7 「言語中枢」は，ウェルニッケとブローカ？

　脳梗塞や脳卒中などの脳血管障害によって，脳の言語機能の中枢が損傷し，一旦獲得した言語機能が障害された状態を失語症（aphasia）と言います。優位半球（左脳）のウェルニッケ野を損傷すると**ウェルニッケ失語**（感覚失語）が生じ，ブローカ野を損傷すると**ブローカ失語**（運動失語）が生じます（図2-3-9）。

　ウェルニッケ失語は，流暢で錯語（**語性錯語**：消しゴムと言おうとして「鉛筆」，**字性錯語**：消しゴムと言おうとして「けむしご」）が目立つ発話で，聴覚的言語理解障害，復唱障害を特徴とする失語です。発話は，構音とプロソディー（発話における抑揚，強勢，リズムなどの音声学的性質）に問題はなく，話す文の長さも保たれていますが，内容は質問や状況に合わないことが多くみられます。

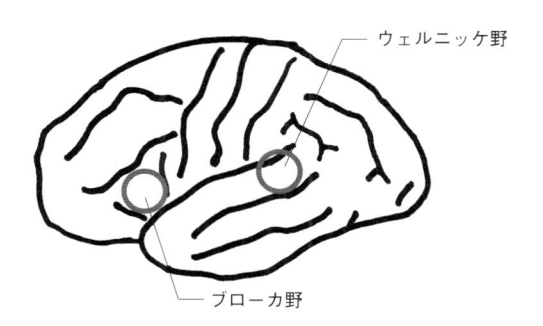

図2-3-9　大脳外側面およびウェルニッケ野とブローカ野

　一方，ブローカ失語は，非流暢な発話を特徴とし，復唱も障害されますが，聴覚的言語理解が比較的保たれた失語です。発話の量は減少し，**喚語困難**（言いたいことははっきりしているのに，言葉が出てこない状態）も強くみられます。文を表出する場合，文法構造が単純化することが多く，**電文体**（助詞がない発話）となる失文法がみられることもあります。さらに，**再帰性発話**（同じ音や語の繰り返し）や錯語もみられたりします。

8 「記憶中枢」は，タツノオトシゴ？

　記憶とは，新しい情報を取り込み（登録：registration），その情報を保存し（把持：retention），保存した情報を再生する（再生：recall）という3つの過程を含む基礎的な認知機能です。

　また，この把持期間の長さによって，**感覚記憶**，**短期記憶**，**長期記憶**に区分することができます。**アイコニック・メモリー**（視覚情報の感覚記憶）の持続時間は約1秒以内であり，**エコイック・メモリー**（聴覚情報の感覚記憶）の持続時間は約5秒程度であると言われています。つまり，道路標識や風景などアイコニック・メモリーの持続時間は極短時間であるため，新しい情報を矢継ぎ早に認知判断でき，それによって自動車の運転などを円滑に行えるともいえ，講義内容などエコイック・メモリーの持続時間は，やや長めであるため，理解判断したものを整理しながらノート作成が円滑に行えるともいえます。また，短期記憶は容量に限界があり（7±2項目），持続時間は15～30秒程度とされています。これに対し長期記憶は容量に限界がなく，脳損傷などの特別の事情がない限りは，ほぼ永久的に把持されると言われています。

　このうち，とくに感覚記憶，短期記憶の認知機能を司るのが，海馬であり，タツノオトシゴに形態が似ているので，その名称がそのまま脳部位の名前（Hippocampus）となりました（図2-3-10）。近年は，アルツハイマー病や心的外傷後ストレス障害（PTSD：post

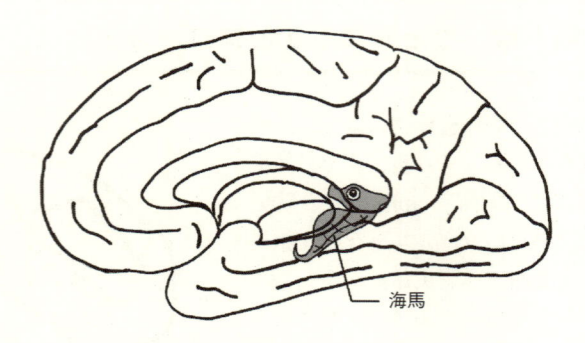

図 2-3-10　大脳内側面および海馬

traumatic stress disorder）や鬱病の患者におけるその萎縮が指摘されています。

9　「情動中枢」は，アーモンド？

　系統発生的には，大脳皮質の最も古い部分である旧皮質（paleocortex）は魚類からみられ，原皮質（archicortex）は両生類からみられ，新皮質（neocortex）は爬虫類からみられます。ヒトの旧皮質は背面内側にわずかに存在し，食欲や性欲などの本能行動や情動に関係すると言われています。つまり，下等生物も含めて生き長らえるためには，敵から襲われた際に，勝てると思えば闘い，負けると思えば即座に逃げる必要があります。この怒りや恐怖などの**情動認知機能**を司っているのが，旧皮質に存在する扁桃体であり，アーモンドに形態が似ているので，そのラテン語の名称がそのまま脳部位の名前（amygdala）となっています（図2-3-11）。

　近年は，ルドゥー（LeDoux, 1996）による，「低位の道（早く反応するが情報の具体的な識別性の低い大まかな処理系）」と，「高位の道（反応は遅いが情報の具体的な識別性の高い精密な処理系）」という概念が提唱されており，この処理系における扁桃体の重要な役割が指摘されています。また，自閉症の患者においては，とくに右の扁桃体が大きく，環境に対する恐怖知覚の過敏性との関連なども指摘されています。

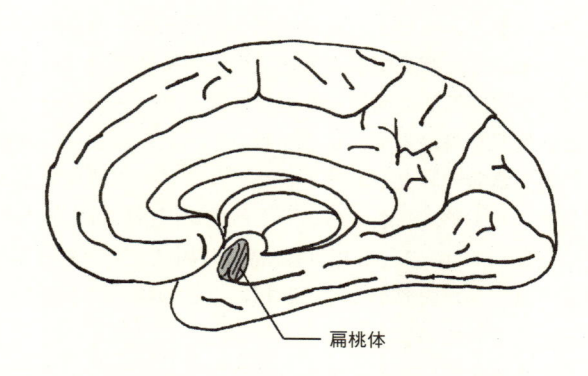

図 2-3-11　大脳内側面および扁桃体

10　将棋のプロ棋士は，手続き記憶？

　子どもの頃，自転車に初めて乗る際は，一つひとつの動作を確認し考えながら運転の練習をしたのに，現在は，ほとんど何も考えることなくスムースに運転していると思います。このような技能や習慣としての「**手続き記憶**」の内容は言葉で簡単に説明することができにくいものの，意識しなくても遂行することができ，いわゆる体が覚えている状態といえます。

　ところで，近年，将棋のプロ棋士が詰め将棋をする際の機能的磁気共鳴画像（fMRI：functional magnetic resonance imaging）に関する非常に興味深い研究が報告されています（Wan et al., 2011）。通常，遂行機能や戦略の機能を司るのは，前頭葉背外側面周辺領域と言われていますが，将棋のプロ棋士が詰め将棋をする際には，楔前部と線条体に含まれる尾状核における活性化が指摘されています（図2-3-12，図2-3-13）。つまり，楔前部は空間イメージ，線条体は手続き記憶を司る脳領域として知られており，まさにプロ棋士にとっては，詰め将棋は慣れた自転車の運転同様に，パッと棋譜を見た瞬間に手続き記憶で処理できることを示していると考えられます。

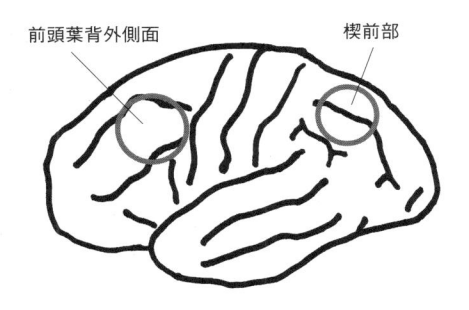

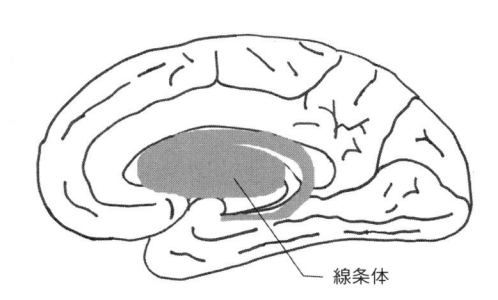

図 2-3-12　大脳外側面および前頭葉背外側面と楔前部

図 2-3-13　大脳内側面および線条体

11　「モニタリング」は，アイランド？

　ヒトが人間として社会生活を営むなかでは，自分自身の不具合に気づいて修正できるか，他人に**共感**できるかなどが，大切な認知機能としてあります。

　情動中枢が扁桃体であることを先述しましたが，より高次な共感，愛情などの情動機能との関連が強いのが外側溝（シルヴィウス溝）のミゾの奥にある，「島皮質（insular cortex）」です（図2-3-14）。単に「島（insula）」とも呼ばれアイランド（island）のラテン語の名称がそのまま脳部位の名前ともなっています。

　この島皮質は五感などの知覚情報を収束処理し，情動に関連した文脈情報を生み出す機能を司っていると言

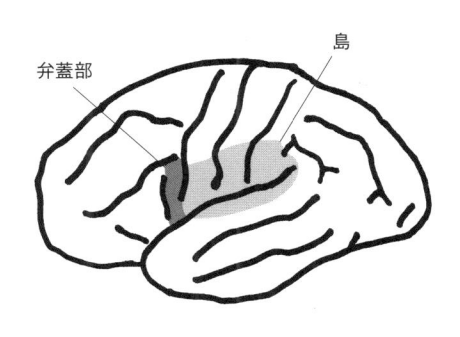

図 2-3-14　大脳外側面および島と弁蓋部

われています。また，島皮質前部は嗅覚，味覚，内臓自律系，辺縁系の機能に強く関与しており，島皮質後部は聴覚，体性感覚，骨格運動に強く関与しているとも言われています。さらに，この島皮質を覆うように存在することから命名された弁蓋部（図2-3-14）は，近年の研究ではとくに自閉症者や広汎性発達障害者における右弁蓋部の低形成が指摘されており，共感やミラーニューロンシステムとの関連が考えられています（Yamasaki et al., 2010）。

12 「ワーキングメモリー」は，ランダムアクセスメモリー

ワーキングメモリー（working memory）とは，情報を一時的に保ちながら活用するための記憶構造や過程のことであり，1960年代にヒトの認知機能過程をコンピュータに例えた情報処理モデル理論における概念です。いわゆるコンピュータのテンポラリメモリー（temporal memory）としてのランダムアクセスメモリー（RAM：random access memory）に例えられます。情報処理モデル理論が取り入れられる以前は，短期記憶として概念化されていたワーキングメモリーは，先述したとおり，一般的に容量に限界があると考えられています。

また，数唱の逆唱やSerial 7's（100から7を順番に減算する課題）で測定されるような論理的ワーキングメモリーは左前頭前野との関連が深く，心的回転課題（複雑につながった積木の二次元図の角度を変えて見た際の二次元図を推定する課題，図2-3-15で測定されるような空間的ワーキングメモリーは右前頭前野との関連が深いと言われています。

さらに，臨床的には欧米では自殺する際，右利きのヒトは右のこめかみにピストルを当てることが多いのですが，瞬間のためらいにより未遂に終わり右前頭前野（図2-3-16）を損傷する症例がみられます。そして，そのような症例のなかには，それまで真面目で責任感の強い性格であったのが，不真面目で無責任な性格に変わってしまうというような，人格面におよぼす影響も報告されています。

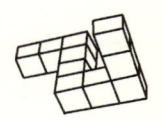

図2-3-15　心的回転課題（Shepard & Metzler, 1971）

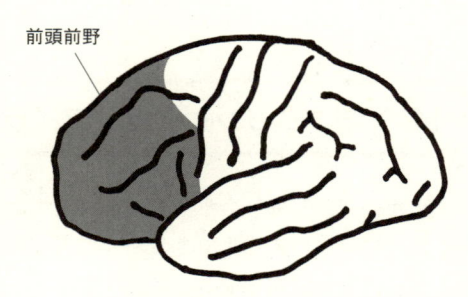

図2-3-16　大脳外側面および前頭前野

13 「意思決定」がダメになった，フィネアス・ゲージ

フィネアス・ゲージは有能で責任感が強い線路工事の現場監督でしたが，1848年に工事用のダイナマイトが暴発し，太さ約3cm，長さ約1mの鉄棒が頭蓋骨を貫通するという大

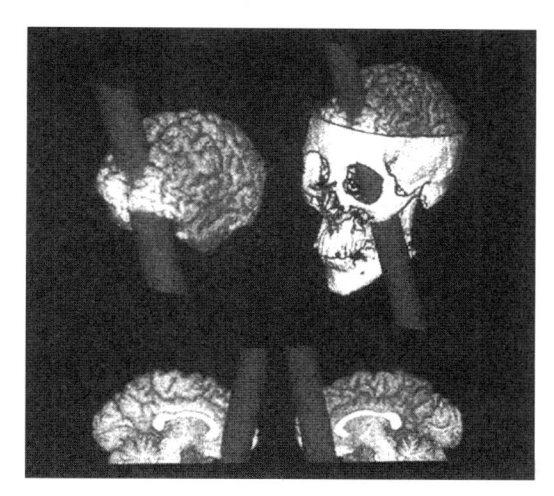

図 2-3-17 フィネアス・ゲージの脳損傷部位 (Damasio, 1994)

事故に見舞われました。幸い命をとりとめたものの，前頭葉腹内側部に損傷を受け，その結果，この大ケガから回復した後，知性と衝動とのバランスが破壊され，短気で怒りっぽく，無礼で，意思決定に欠く，まったく別の人格に変わってしまったと報告されています（図 2-3-17）。

このような歴史的症例をもとにダマシオ（Damasio, 1994）は，ヒトの**意思決定**には，そのときの身体状態と結びついている情動と感情の作用が関与するとした「**ソマティック・マーカー仮説**」を提唱し，デカルト的な心身二元論を批判し，有機体としての心－脳－身体の関係を指摘しています。

文　献

Damasio, A. R.　1994　*Descartes' error: Emotion, reason, and the human brain.*（田中三彦（訳）　2010　デカルトの誤り　情動，理性，人間の脳　筑摩書房）
Descartes, R.　1649　*Les passions de l'ame*（谷川多佳子（訳）　2008　情念論　岩波書店）
LeDoux, J.　1996　*The emotional brain: The mysterious underpinnings of emotional life.* Brockman.（松本元・川村光毅・小幡邦彦・石塚典生・湯浅茂樹（訳）　2003　エモーショナル・ブレイン　情動の脳科学　東京大学出版会）
Neisser, U.　1967　*Cognitive psychology.* New York: Appleton-Century-Crofts.
Shepard, R. N., & Metzler, J.　1971　Mental rotation of three-dimensional objects. *Science*, **171**, 701-703.
Thompson, P.　1980　Margaret Thatcher: A new illusion. *Perception*, **9**, 483-484.
Wan, X., Nakatani, H., Ueno, K., Asamizuya, T., Cheng, K., Tanaka, K.　2011　The neural basis of intuitive best next-move generation in board game experts. *Science*, **331**, 341-346.
Yamasaki, S., Yamasue, H., Abe, O., Suga, M., Yamada, H., Inoue, H., Kuwabara, H., Kawakubo, Y., Yahata, N., Aoki, S., Kano, Y., Kato, N., Kasai, K.　2010　Reduced gray matter volume of pars opercularis is associated with impaired social communication in high-functioning autism spectrum disorders. *Biological Psychiatry*, **68**, 1141-1147.

4 学校で生かせる心理学
―学校臨床―

1 学校臨床とは

1. 学校臨床

「学校心理学」「学校カウンセリング」などといった大学の科目を見かける場合があります。"学校"は多くの人々にとって身近なものでしょうし，"こころ"について考えることもよくあるでしょう。"カウンセリング"は専門用語ですが，最近では少し身近になってきているでしょうか。

これらの科目名にあるように，学校現場に心理学の知識が必要だ，ということは多くの人が感じていることかもしれません。ところが，この章のテーマは**「学校臨床」**です。この言葉はちょっと難しくてお堅いイメージかもしれませんね。

「床（病床）」に「臨む」という文字のとおり，"臨床"という言葉の意味は，実際に患者さんを診ることを指します。心理学でも同じように，臨床というのは「心理学の知識を活かして実際にクライエント（来談者）の援助を行う」分野のことを指します。しかしそれだけではなく，心理学ではさらに広い意味でこの言葉を使っています。それは，問題が起こってからだけではなく，「問題が起こらないように予防する」「よりよい発達・成長をめざして支援する」という意味をも含んでいるということです。

ですから，臨床心理学では，困ったことや悩みがあるときに適切な援助をすることも含めて，人生をもっと豊かに過ごしたいという人のためにも役立つことをめざしています。一部の人のみではなく，すべての人々を対象とした活動なのです。学校臨床は，臨床心理学の専門性を活かし，広く学校現場での実践に活用していく心理学の分野と考えることができるでしょう。

2 学校教育と心理学

1. 教育相談と生徒指導

生徒指導，**教育相談**は主として教員が行う活動ですが，臨床心理学の知識や手法を活用して進めることができます。これらの教育活動は，児童生徒の心理的側面に配慮して行うことが大切だからです。

平成22（2010）年に文部科学省で「生徒指導提要」という資料がまとめられました。このなかの第3章では「児童生徒の心理と児童生徒理解」という形で，生徒指導におけ

る児童生徒理解に求められる姿勢（共感的理解，信頼関係）が取り上げられています。

2. 生徒指導とは

「『生徒指導』のイメージは？」と，大学生の人たちに問いかけることがあります。返ってくる答えの中には，

「ルールを守らないと叱られる」

「髪型や服装を取り締まる」

など……。厳しい生徒指導のイメージが強いように思われることも多々あります。しかしそれだけではありません。

「生徒指導の先生が身近な存在で，休み時間によく話を聞いてくれた」

「生徒の将来を考えて正しい方向へ導くもの」

というような意見も出てきます。学校生活で生徒指導という言葉は日常的に使われているようですが，もっているイメージは人によってずいぶん違うようです。では，生徒指導とはどのようなものなのでしょうか。

「生徒指導提要」のなかで生徒指導の意義は以下のようにまとめられています。

「生徒指導とは一人一人の児童生徒の人格を尊重し，個性の伸長を図りながら，社会的資質や行動力を高めることを目指して行われる教育活動のこと」であり，「すべての児童生徒のそれぞれの人格のよりよき発達を目指すとともに，学校生活がすべての児童生徒にとって有意義で興味深く，充実したものになることを目指しています。」

このなかには，皆が規則を守るという側面も含まれていることでしょう。しかし，それはただ規則を守らせるために行う指導ではなく，児童生徒が社会に出ていくために身につけるべき力を高め，学校生活を有意義なものにすることを目指した教育活動なのです。

3. 教育相談とは

「生徒指導提要」では，教育相談は「児童生徒それぞれの発達に即して，好ましい人間関係を育て，生活によく適応させ，自己理解を深めさせ，人格の成長への援助を図るもの」とされています。対象はすべての児童生徒であり，すべての教員によってあらゆる教育活動において実施されるものです。

教育相談のあり方としては，大きく以下の3つにわけられます。

(1) 問題解決的教育相談……問題が生じたときに解決するための活動です。何か起こった場合に早く気付くことが重要ですから，普段からの児童生徒との関係も大切です。

(2) 予防的教育相談……問題を未然に防ぐための活動です。何も生じていない（とくに大きな問題が起こっていない）ときの関わり方が，その後の教育活動に大きく影響してきます。

(3) 発達促進的・開発的教育相談……児童生徒の心の発達をより促進する活動です。心の成長を支え，底上げしていくものととらえられます。

学校での教育相談の利点として，日常生活をともにする場であることから早期発見，早期対応が可能であることやさまざまな立場の教職員が援助を行うことができることなどが挙げられます。

反対に課題としては，相談場面にも日常の人間関係が反映しがちであることや評価などを行う役割と相談を担う役割が重なった場合の難しさなどが挙げられます。いずれの特徴もよく理解したうえで，学校だからこそできることを提供していくことが望まれます。

> ### トピック1　不登校
>
> 　「**不登校**」とは，広く学校に行っていない状態を表している言葉です。文部科学省では「何らかの心理的，情緒的，身体的，あるいは社会的要因・背景により，児童生徒が登校しないあるいはしたくともできない状況にあること（ただし，病気や経済的な理由によるものを除く）」と定義されています。
>
> 　以前は「学校恐怖症」「登校拒否」という呼び方がありました。これらの呼び方がなぜ変わってきたかと考えると，恐怖，拒否という言葉には含まれない多様な状態があるからです。学校に行きたいのに行けなくて苦しんでいる子どもたち。何らかの事情を抱えている子どもたち。このようなことをふまえて「不登校」という名称が使用されるようになりました。現在では，不登校は「特別な子どもに起こることではなく，どの子にも起こり得ること」というとらえ方がなされています。
>
> 　不登校解決の最終目標は社会的自立であると考えられています。学校に行かないから問題という表面的な考え方ではなく，必要なことは何かを考えていく視点が求められます。また，そのまま周囲が働きかけをやめてしまうこと，つながりを断ってしまうことが起こるならば，それは（とくに周囲の）問題であると考えられるでしょう。
>
> 　教職員が信頼関係を作り，関わりを続けていくこと，学校のなかに居場所を作ることなどはとても大切です。そのような取り組みを続けながらも，関係機関と協力しあい，学校以外に集団生活が経験できる場を設けることや，個別で相談できる場，個々に応じた学びの場を見つけ，将来につなげていくことも可能なのではないでしょうか。

　このように，教育相談の考え方は臨床心理学と共通した視点が用いられています。そして教育相談は生徒指導の一環として位置づけられ，その中心的な役割を担うものとなっています。

3　学校での心理の仕事

1. スクールカウンセラー

　中高生に「スクールカウンセラーを知っていますか？」と聞くと，
「カウンセリングルームにいるよね」
「集会であいさつを聞いたり，おたよりをもらったりしたかな」
といった答えが返ってくるのではないでしょうか。
　スクールカウンセラーは，担任の先生や校長先生とは違い，学校の教諭ではありません。「臨床心理士」の資格をもつ臨床心理学の専門家（あるいはそれに準ずる心理学・精神医学等の専門家）です。
　現在では一般的になってきたスクールカウンセラーですが，中学や高校で働くように

なったのはいつからか知っていますか？

1995年度に文部省（現文部科学省）の調査委託事業として，スクールカウンセラー制度が導入され，この年から少しずつ各都道府県の中学校を中心にスクールカウンセラーが配置されるようになりました。

一方，学校教員の資格（教育職員免許状）は1949年，第二次世界大戦後にできたものですが，さかのぼれば，その前にも明治時代（1900年ごろ）から今の法律とは異なる免許があったようです。きっと皆さんのおじいさんも，もっと上の世代の人々も「学校の先生」に勉強を教わってきたことでしょう。

このように，スクールカウンセラーは比較的新しい仕事といえるのではないでしょうか。（注：一部の私立の学校では比較的早くからカウンセラーがいたところもあるようです。）

2. スクールカウンセラーの仕事

スクールカウンセラーの仕事として，第一に個別の相談活動が挙げられます。児童生徒本人，あるいは保護者にカウンセリングを行います。相談内容はどんなことでもかまいません。一度話してみると整理ができることもあるでしょうし，継続して相談していくこともあるでしょう。必要に応じて，適切な学外の機関の紹介もできます。

相談活動のなかには，教職員の相談もあります。担任のクラスの生徒のこと，部活でちょっと気になる生徒のこと，クラス全体のことなど，先生の相談を受けます。このように教育の専門家である先生に対して，心理の立場から助言等を行うことを，「コンサルテーション」と呼びます。

また，授業を担当する場合もあります。そこで教えるのは国語？　数学？　いえいえ，スクールカウンセラーの専門は「臨床心理学」「心理面での健康に関わること」ですから，授業は心理に関することになるでしょう。

「心理学，面白そうだけど難しくない？」そのイメージのとおり，大学や高校の選択科目などで学ぶ心理学には，興味深いけれどちょっと難しい分野もあります。しかしこの授業のような場合には，日常生活に密着したこころの動きを扱います。自分自身について考えて自己理解を深めること。人間関係について考えて社会でうまくやれるような方法を学ぶこと。ワークやゲームなどを用いた体験的な活動が取り入れられることもあります。スクールカウンセラーの授業はそういう内容です。

その他にも，保護者向けの講演，教職員対象の研修会などを行ったり，他の専門機関との連絡役を務めたりすることがあります。昼休みに交流の時間がある学校もあるかもしれません。スクールカウンセラーは個別の相談を中心としながら，学校のニーズに応じてさまざまな役割を果たしています。

3. 他職種との連携

当初，教員免許を持たないスクールカウンセラーが学校に入るのは，大変画期的なことでした。しかし現在の学校は"開かれた学校"をめざしてさまざまな取り組みが行われています。

スクールカウンセラーは心理の立場として，教育の専門家である先生方，管理職の先生方，養護（保健室）の先生とともに協力しあって仕事をしています。さらに，2008年度からは「スクールソーシャルワーカー」という福祉の専門家が学校に配置されるようになっ

表 2-4-1　主な関係機関

〈教育〉	〈医療・保健〉
教育相談所・教育センター	保健所・保健センター
適応指導教室	精神保健福祉センター
特別支援学校	病院・クリニック
〈福祉〉	〈司法・矯正〉
児童相談所	警察
児童養護施設	少年サポートセンター
児童自立支援施設	家庭裁判所
福祉事務所	
発達障害者支援センター	

てきました。現在のようにさまざまな分野の職種がいる利点として，多角的なものの見方ができるようになるということが挙げられます。

　学外の専門機関と連携を取ることもあります。地域の方々を含め，学校に関わるすべての人々と協力しながら児童生徒に関わっていくことで，よりよい学校生活を送るための支援ができる体制を整えていくことをめざしています（表2-4-1）。

4　ストレスとは

1. 学校生活とストレス

　現代はストレス社会といわれています。**ストレス**というと，どのようなことを思い浮かべますか？

　「何といってもテスト！」「おちこむこと」「やけ食いしちゃう」「マラソン大会がいやなんだよね」「お腹が痛くなるときもある」……

　意見を聞いてみるとさまざまな内容が出てきます。ストレスは，私たちの日常生活に非常に密着していて，学校生活のさまざまな場面でみられるもののようです。もともとストレスとは外部からの負荷によって生じる変化のことを表す言葉でした。では，心理学のなかではストレスはどのように捉えられているのでしょうか。

　まず，ストレスが発生する段階を大きく2つに分けて捉えます。ストレスのきっかけとなる刺激とその刺激によって起こる変化や反応です。これらのことを「ストレッサー」と「ストレス反応」と呼びます。

　ストレッサーというのは，ストレスを生じさせる刺激のことですから，先ほどの例では「テスト」や「マラソン大会」などがストレッサーにあたります。非常に大きな出来事から，日常のささいな出来事まで含まれます。

　ストレス反応というのは，刺激に対する反応のことですから，先ほどの例では「おちこむ」「やけ食い」「腹痛」などがストレス反応にあたります。ストレス反応はさらに3つの側面から分けることができます。1つは心理面です。「おちこむ」「イライラする」などというのは気持ちの変化であり，これを心理的反応といいます。2つめは身体面です。「ドキドキする」「お腹が痛い」など，身体・生理的な変化が生じることを身体的反応と呼びます。3つめは行動面です。「やけ食い」などを行動的反応と呼びます。

　人間の心と体は切り離して考えることはできません。普段はストレスの影響は気持ちの面で強く感じられるかもしれませんが，心理・身体・行動の各側面へのストレスの影響を

捉えることや，心と身体がつながっているということをあらためて知ることは，全般的な健康について考える上で大切な視点でしょう。

2. ストレスが生じるメカニズム

「刺激に対して反応が生じる」という流れは，おそらく今までの体験を思い出してもらえば，きっとあてはまるような体験があることと思います。ところが，同じ刺激を受けても誰もが同じ反応を示すわけではありません。「マラソン，いやだなあ……」というのは多くの人が感じていても，お腹が痛くなるほどの人もいれば，ケロッとしている人もいます。それは必ずしもマラソンの結果と関係しているわけではありません。

なぜそのような違いが生まれるのか，という個人差について考えてみましょう。ストレス反応に至るまでにいくつかのプロセス（過程）があります。1つめは「認知的評価」と呼ばれています。これはストレッサーに対する評価の仕方であり，「影響性（そのストレッサーは自分にどの程度影響があるか）」「コントロール可能性（そのストレッサーをうまくコントロールできるか）」などの段階があります。「できなかったら大変なことになる！」「私にはどうしようもない……」と考えると，つらい気持ちになってしまったりします。逆に，「何とかなるでしょ」「こうしたら対応できるかも」という考え方ができれば，気持ちも少し落ち着いてくるかもしれません。

もう1つは「コーピング」と呼ばれる対処の仕方です。たとえば，問題が生じたときに具体的に解決をしようとする方法もあるでしょうし，それよりもまず気持ちを落ち着かせるために気晴らしをする場合もあるかもしれません。場合によっては，ひとまずその問題は置いておこう，ということもあるでしょう。

このような評価や対処の段階を経て，現れてくるストレス反応は強くなったり弱まったりするのです。人によってとらえ方や対処の方法が異なります。そのため，同じ刺激を受けてもストレス反応に違いがみられるようになるのです。

その他にも，「ソーシャルサポート」と呼ばれる周囲の人からのサポートもストレスに関係する要因の1つとして取り上げられています。サポートを受けられるだろうと感じられるとストレス反応が弱くなります。たしかに，家族，友達，先生など，いろいろな周りの人の助けは心強いものですよね。

このようにストレスが発生するしくみを知り，自分自身の考え方のクセや対処の方法に気付くことは，ストレスに振り回されずに，自分でコントロールしていくための最初の一歩といえるでしょう。

3. ストレスマネジメント

多くの人にとって，「ストレス＝いやなもの」というイメージがあるのではないでしょうか。確かにいやなこと，つらいこともストレスですが，実は楽しい場面もストレスになります。遠足を楽しみにしてはりきっていたら当日熱が出た，という経験がある人もいるかもしれません。本人にとってつらいことだけがストレスになるのではなく，嬉しいこと，楽しいことも刺激になっているのです。

ストレスをすべて取り除くことはほぼ不可能です。強すぎるストレスは弱めていくことが望ましいのですが，ゼロにするのは現実的に難しいことであると同時に，なくしてしまったらよいということでもありません。"ストレスは人生のスパイス"という有名な言葉もあります。楽しいことはもちろんのこと，困難なことも，それを乗り越えたときに得

られる達成感や，次に何か起こったときにまた乗り越えていけるだろうという有能感につながります。そうやって人は力をつけ，成長していくといえるでしょう。反対に，困難がまったくない人生だったらどうでしょうか。日々は楽に過ぎていくかもしれませんが，物足りない，味気ない気持ちになってしまうかもしれませんね。

　現在では，ストレスについて学ぶ授業を取り入れている学校もあります。ストレスとは何かを知り，ストレスとうまく付き合っていくことを「**ストレスマネジメント**」と呼びます。

　現代に生きる私たちにとって，また，さまざまなことが起こる学校生活のなかで，ストレスを避けて通ることはできません。ストレスはあるのがあたりまえ（あってもよいもの），だからこそ，自分のことをよく理解し，どのようにしてやっていったらよいかということを考え，自分の力を高めていけるようになれるといいのではないでしょうか。

トピック2　社会的スキルトレーニング

　対人関係のストレスは学校生活でも，社会に出てからも，ある程度はつきものです。つらいことばかり？　いえいえ，そういう意味ではないのです。知り合う人たちと仲良くなったり，ほどよい距離感を保ったりしながら，人との付き合いを通して豊かな人生を築いていくことは私たちの重要な課題だといえるでしょう。

　人間関係を作り，関係をうまく保っていくために必要とされる技能のことを「社会的スキル（またはソーシャルスキル，社会的技術）」と呼びます。

　人間関係は多くの人にとって，難しくもあり，関心もあることです。そこで，「**社会的スキルトレーニング**」と呼ばれる指導が取り入れられるようになってきました。対人関係に何らかの課題を抱える場合にも用いられる取り組みですし，最近では予防的活動として，学級単位で行われる場合もあります。

　人付き合いには，その人なりの方法があるでしょう。しかし，人間関係の希薄化が問題となっている昨今，体験を通して学ぶことや，他の人の気持ちや考え方を知っていくことは大切です。トレーニングの方法としては，場面を設定して言葉かけの仕方を練習してみる，そのときの自分の気持ち，相手の気持ちを考える，他の人の様子を観察してよりよい方法を学ぶ，など，さまざまなものがあります。体験をしてみて，友達や周りの人と意見を交換することで，新たな気付きも生まれるかもしれません。

　人との付き合い方に1つだけの正解というものはありません。教科書にそって正しい方法を学ぶというイメージではなく，自分自身が人とうまく付き合うためのレパートリーを増やしていくようなトレーニングと考えてもいいのではないでしょうか。

5 子育て支援

1. 子育ての現状と子育て支援

　日本では少子化が進み，子どもの数は減ってきています。第2次ベビーブームと呼ばれる1970年代前半には1年間に約200万人の子どもが生まれていましたが，2010年の出生数は約107万人でした。年代間の人口の差，子どもの割合の減少，それに伴う人口の減少傾向などが，日本全体の課題として取り上げられています。

　子どもの数の減少は，社会全体で考えていくべき課題です。なぜこのような傾向が続いているのか，その背景を知り必要な支援をするという方向で取り組みが進められています。

　人口の統計データのなかに「合計特殊出生率」という1人の女の人が一生に生む子どもの数を計算した数値があります。1989年に**合計特殊出生率**が過去最低の1.57を記録し，これが「1.57ショック」と呼ばれ，本格的に少子化対策に取り組むきっかけとなりました（図2-4-1）。

　1990年代半ばから，「エンゼルプラン」「新エンゼルプラン」と呼ばれる計画が進められ，2005年度からは「子ども・子育て応援プラン」に基づき**少子化対策**が推進されてきました。しかし大幅な出生率の上昇はみられませんでした。

　少子化対策はその後，子ども・**子育て支援**と捉えられるようになり，2010年には「子ども・子育てビジョン」ができ，取り組みが続けられています。この「子ども・子育てビジョン」では「子どもが主人公」という考え方で，「社会全体で子育てを支える」というテーマをもって進められてきています。

　このような政治経済の分野での取り組みも重要ですが，子育て中の保護者の方々に対する心理支援も必要不可欠です。安心して子どもを産み育てられる社会へ，さまざまな視点から支援が行われることが望まれます。

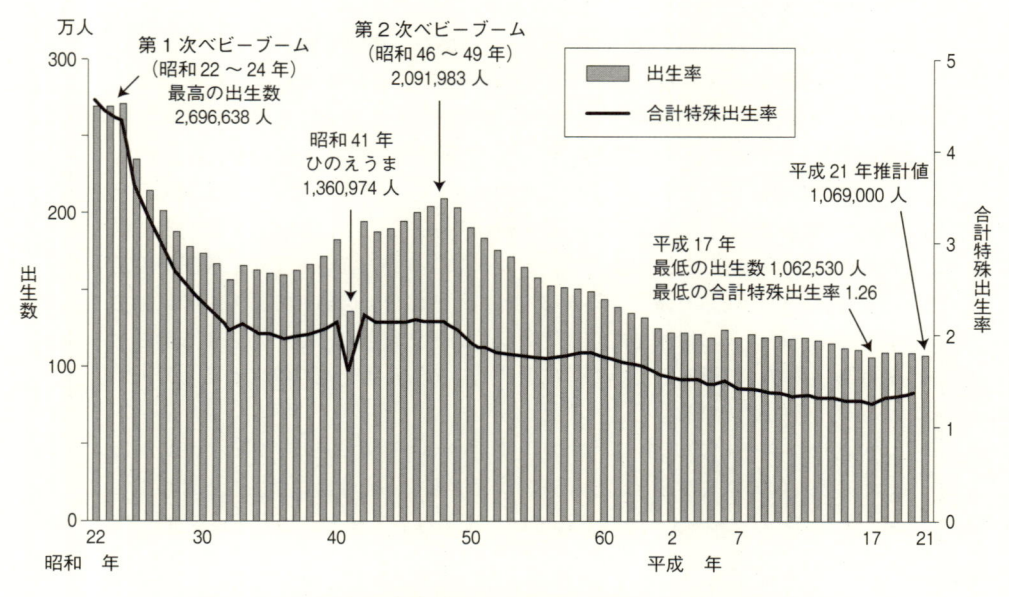

図2-4-1　出生数及び合計特殊出生率の年次推移（厚生労働省，2011）

2. 少子化に関わる要因

　子どもの数が減ってきた背景としてさまざまな要因が取り上げられてきています。例としていくつか挙げて考えてみましょう。

　まず，働く女性（母親）の立場から課題を考えることができます。子どもを産み育てる間，同じ仕事を続けることはまだまだ難しいのが現状です。仕事を続けたくても続けられない悩み，仕事を辞めてからの経済面での不安など，いくつか課題がありそうです。

　また，男性（父親）の視点から考えることもできるでしょう。子育てをする年代は仕事が忙しい時期とも重なり，父親が育児に参加することが難しくなっています。家族を養うためには長時間働く必要があり，家族と過ごす時間が少なくなってしまうのです。このような状況で父親は子育てに距離を感じているかもしれません。そして子育て中の母親にとってはパートナーの不在は強く不安を感じる要因となるのではないでしょうか。

　その他には，地域社会の変化が挙げられます。昔は，家族が三世代同居であったり，親戚が身近にいたり，ご近所付き合いがあったりしました。このようななかで，違う世代の人たちと関わることも多かったでしょうし，生活のなかで子育てを学ぶこともできたでしょう。しかし現在は核家族が主流となり，地域の結びつきも弱くなってきていると言われています。そして，子どもは地域で育てるものという考え方もだんだん薄れてきているのかもしれません。

　子育てには大きなやりがいや喜びもあるでしょうが，それだけではなく，迷ったり悩んだりすることもたくさんあります。そんなとき，精神的な面での周囲からのサポートが必要になります。

　多様なライフスタイルが認められる世のなかは喜ばしいものであり，社会での取り組みが強制になっては困ります。しかし，子どもを産み育てたいと望んでいる人々が，子育てをあきらめずにすむように支援をしていくことは，社会全体にとって重要な取り組みであるといえるでしょう。

3. 教育分野での子育て支援

　保育や幼児教育の分野では，近年，保護者のサポートの必要性が高まり，保育所や幼稚園の役割としての保護者・家族支援がますます重視されるようになってきました。

　大きな問題となっている子ども虐待についても，子育て中の養育者に対する支援を行うことによって，予防，早期発見，早期介入が望まれます。虐待の行為自体は絶対にしてはならないことです。しかし，その行為に及んでしまった養育者も悩み，苦しんでいることがほとんどです。養育者の気持ちを理解し，抱えている問題の解決に向かって支援することが，さらには虐待の予防，解決につながることであるといえるのではないでしょうか。

　子育てに不安を抱いている保護者の方々への心理面での支援は，学校現場でこれからもますます必要性が増してくるでしょう。子育ての悩みとして「孤立感」が非常に多く挙げられます。子育てで起こる出来事を個人や家庭の責任にしてしまうのではなく，人間は地域社会で支え合って生活しているという見方が重要だといえるでしょう。また，何かを抱えている人が特別なのではなく，人にはさまざまな背景や要因があり，だれもが困難を抱える可能性があるという視点も大切にしたいものです。そして家庭で抱え込んでしまったり，家庭が孤立してしっとりすることがないよう，皆で子どもの成長を見守っていけるような学校，地域社会でありたいものです。

　そのためには，子育てに関わる機関での個別での支援，小グループでの支援も大切で

す。そして保護者だけではなく，地域の人への啓発活動も重要であると考えられます。多くの人が子育て中のお母さん，お父さんの気持ちや立場を理解することは，支え合う社会を作っていくきっかけになることでしょう。

6　おわりに

　この章では，学校での臨床と子どもに関わる現状について考えてきました。

　心理学の専門家という言葉を使ってはいますが，ある意味では「人は誰もが心理の専門家」ということができます。ほとんどの人がこころについて考えることがあるでしょうし，自分や家族，親しい人たちのことは自分たちが一番よくわかっていると思うこともありますよね。

　心理支援というのは，まさにそういう人々の力を引き出し，自分自身の道を歩むことを支えるものなのではないかと思います。専門家だから何でもわかっていて教えてあげるべきだ，などということはありません。いろいろな人生を歩んでこられたその人自身のもっている力を最大限に発揮できるようにお手伝いしていくのが心理職のあるべき姿なのではないでしょうか。

　「でも心理の支援って難しそう……」

　「人の気持ってよくわからない。うまくできるのかな？」

　学んでいるときにはいろいろな思いをもつことがあります。人の気持ちは複雑だし，決まった形などないもの。それだけにやはり簡単なことではありませんが，大変なこと以上に，たくさんの人と関わることによって得られるものが大きい仕事です。やりがいも大きなものになるのではないでしょうか。

　学校はたくさんの人が長い時間を過ごし，さまざまな出来事が起こる場所です。ということは，そのなかでたくさんの人の心の動きがあるでしょう。心理学を学んで子どもたちの役に立つことがしたい！　そう思っているとしたら，学校という場でできることがきっとあるはずです。

　学校の中での臨床心理の仕事は始まったばかりで，まだまだこれからできることや必要性が高まってくる分野だと考えられます。個別支援とともに，学校や集団のもつ力を活かしていけるような活動をしていきたいものです。

文　献
文部科学省　2010　生徒指導提要　文部科学省
厚生労働省　2011　人口動態統計　厚生労働省
　　（http://www.mhlw.go.jp/toukei/saikin/hw/jinkou/suikei10/index.html）

第3部
臨床心理学の近接領域

1 精神保健福祉

1 精神疾患のことを学ぼう

「こころの病気ってどんな病気があるのでしょうか」と聞かれて，すぐに答えられる人がどれくらいいるでしょう。「からだの病気についてなら，いくつか分かるけれど……」というつぶやきが読者の方から聞こえてきます。この章では，こころの病気と病気の結果起こる障害に関連することをお伝えしていきたいと思います。

1. 代表的な精神疾患

「こころの病気」は，専門的な用語では「**精神疾患**」といいます。まず，代表的な精神疾患について説明します。代表的な精神疾患には，①症状性を含む器質性精神障害，②精神作用物質による精神および行動の障害，③統合失調症，統合失調型および妄想性障害，④気分（感情）障害，⑤神経症性障害，ストレス関連障害および身体表現性障害，⑥生理的障害および身体要因に関連した行動症候群，⑦成人のパーソナリティおよび行動の障害，⑧精神遅滞（知的障害），⑨心理的発達の障害，⑩小児期および青年期に通常発症する行動および情緒の障害，⑪特定不能の精神障害の11に大きく分類されています（World Health Organization, 1992/2007）。

ここではすべての疾患について説明できないので，精神保健福祉士がよく出会う人がもっている疾患を中心に説明します。

2. 症状性を含む器質性精神障害

器質性障害とは，脳が一次的・直接的に，あるいは全身疾患から二次的に損傷を受けて，急性から慢性期にかけてさまざまな精神症状を示す症候群であり，代表的なものには，認知症疾患があります。

認知症疾患の症状は，以前よりも脳の機能が低下して起こります。その人のふだんの性格がいっそう目立ち，単純化していき，抑えが効かなくなります。また，記憶の障害も起こり，昔のことは思い出せるが，最近の出来事を思い出すのが難しくなります。「認知症はよくならない」と考えられがちですが，近年は，薬の発達や周囲の人びとの関わり方などの工夫により，その状態を維持することさえできるようになってきています。「物忘れ外来」などをもっている医療機関に早く受診し，診断を確定してもらい，適切な医療とリハビリテーションを受けることが大切です。

3. 精神作用物質による精神および行動の障害

　精神作用物質による精神および行動の障害とは，精神と身体に依存性を起こす物質（依存物質）を欲しくてたまらなくなり，その欲求を自らでは抑えられず，使用してしまう疾患です。依存物質には，麻薬及び向精神薬取締法や覚醒剤取締法などの法律で製造と販売が禁止されているものと，薬事法によって処方箋をもらった人以外には購入できないもの，アルコールのように身近にあるものなどがあります。

　国際疾病分類第10版では，過去の1年間のある期間，次のうち3つ以上がともにみられた場合のみ依存症候群と診断するとしています（World Health Organization, 1992/2007）。

　①物質を摂取したいという強い欲望あるいは強迫感
　②物質使用を自分の意志でコントロールしにくい
　③物質をやめたり，減量したりすると，離脱症候群（不安，抑うつ，睡眠障害など）が出る
　④はじめは少量で得られていた効果が，多量でなければ得られなくなる
　⑤精神作用物質を使うために，それに代わる楽しみや興味を無視したり，使用や離脱に長時間を費やしたりするようになる
　⑥心身に明らかな障害（肝障害など）を生じているのに，さらに物質を使い続ける

　あなたの周囲にお酒を飲み過ぎ，これに当てはまる人はいないでしょうか。もし，いたら，近くの保健所の精神保健相談やアルコール専門の精神科医療機関に相談しましょう。

4. 統合失調症，統合失調型および妄想性障害

　統合失調症は2002年6月まで「精神分裂病」を呼ばれていた疾患です。1000人にほぼ7～8人の割合で起こり，珍しい疾患ではありません。統合失調症は，幻覚や妄想などの特徴的な症状が現れますが，その症状には個人差があります。大きくは次の4つのタイプに分けられます。

(1) 破瓜型

　15～20歳頃にかけて発症することが多いタイプで，部屋に閉じこもりがちになり，ひきこもりや不登校と間違われやすく，周囲の人に気付かれにくい。

(2) 緊張型

　破瓜型と同じく発症年齢は低いが，激しい興奮状態と，逆に周囲への反応が非常に低下した状態が交互に現れる。

(3) 妄想型

　30歳以降に発症することが多く，妄想が中心で，一見するだけでは症状が分からず，「ちょっと変わった人」とみられ，かなり進行してから疾患であることが判明することが多い。

(4) 残遺型

　破瓜型と経過は似ているが，治療後も症状が続くタイプ。

　医療機関の受診をためらう人も多いですので，早期に家族だけでも保健所の精神保健相談や医療機関に相談に行くことが大切です。近年では，発病から5年間の時期が予後を決めると言われており，早期治療と社会生活の継続が大切です。

5. 気分（感情）障害

　気分障害は，かつては，「躁うつ病」と呼ばれていた疾患です。気分，または感情の変化

が起こる病気です。抑うつ気分（うつ病エピソード）だけの人と，抑うつ気分と高揚した気分（躁病エピソード）の両方のある人があります。世界保健機構では，軽症例を含めると，人口の3〜5％の有病率としており，珍しくない疾患です。とくにうつ病は，精神症状だけでなく，身体症状（不眠，食欲不振，頭重感，肩こりなど）があるため，内科を受診する人も少なくありません。内科で改善が認められない場合は，精神科診療所の受診が望まれます。

どのような疾患でも早期発見，早期治療が大切です。

2　精神障害とは何？

さて，第1節で精神疾患について書きました。本節では主として統合失調症の発病後に起こる「**生活のしづらさ（障害）**」について考えます。統合失調症は，治療によって幻覚や妄想が落ち着いてきても，さまざまな生活上の困難が残ります。ここでは，①日常生活上の困難，②対人関係の困難，③作業や仕事をする上での困難に分けて考えてみましょう。

1. 日常生活上の困難

　日常生活では，自信が無くなり消極的になりがちです。不安が強く，新たなことに取り組むのにも気後れがしてしまい，家に閉じこもりがちになります。したがって，よく知らない場所に出かけたり，初めて出会う人との機会も避けたりします。また，物事を臨機応変に対応することができなくなり，突然の出来事にでくわすと身動きできなくなることもあります。たとえば，親戚の家に行く途中に乗っていた電車が止まり，他の交通機関に乗り換えねばならなくなったとき，私たちならアナウンスを聞いたり，他の交通機関や手段を考えて目的とする親戚の家にたどり着くことが可能ですが，これが難しく，電車が復旧するまで待ち，親戚の家には行かずに帰宅することになったりします。

　なかには先のことを案じる傾向が強くなる人もあります。友人と遊びに行く約束をしたり，デイケアなど通っている機関でレクリエーションが行われる前日から，翌朝起きられるかどうか，集合場所に行けるかどうかを心配して，眠れなくなったりする人もあります。

　また，いつも緊張していて，休んだ気持ちになれないということもあります。こんなときは，心だけでなく身体も硬くなっています。これらはマッサージやリラクセーションなどで緊張をとることで楽になります。

　選んだり，決断したりすることが苦手な人もいます。その日に着ていく洋服をどれにするか，決められなかったり，長期に入院していると疾患は回復しても退院することをためらったりします。

2. 対人関係の困難

　人と話をするのが難しくなります。とくに相手の話した内容に対して，自分の考えをまとめてうまく伝えられないため，人との会話をさけるようになることもあります。また，あいさつをするのが苦手で，知っているご近所の方や友人にもあいさつができなくなったりします。こんなときは，まず家族の間で「おはよう」「お帰り」「お休み」などの声かけをすることから始めると，徐々に回復していきます。

その場の雰囲気を察したり，タイミングを考えたり，相手の気持ちを推し量ったりすることが難しくなる人もいます。そのために失礼なことを言ったり，場違いな態度をとり，誤解されてしまうことも起こります。また，秘密をもつこと，上手にうそをつくこと，取り繕うことなどの話術が苦手になる人もいます。

これらの対人関係については，安心できる人と話したり，社会生活技能訓練を受けたりすることで回復します。

3. 作業や仕事をする上での困難

疲れやすく，たびたび休息をとることが必要であったり，集中力や注意力が持続できなったりすることが多いのも特徴です。また，一度に多くのことを処理するのが苦手なため，仕事上の指示は，作業工程ごとに出すことが必要な人もあります。さらに，全体を見たり，先を見通して仕事を進めたりすることが難しい人もあります。

これらの「困難」は，すべての人がもっているわけではなく，個人差があり，一人ひとりの特性を理解し，その人の長所や特技をみつけて，伸ばしていくことが大切です。

3　日本の精神障害者対策はどうなっているの？

日本の**精神障害者対策**は，大きくは，医療，保健，福祉に分けることができます。

1. 医　療

図3-1-1をみてください。これは世界の主な国々の人口千人当たりの精神科病床数を表した図です。世界各国が病床数を減らしているのに，日本だけは減少していないことが分かると思います。日本の隣国である韓国は，病床がかつては少なく，日本と同様に増加する気配がありましたが，2004年に減少しています。

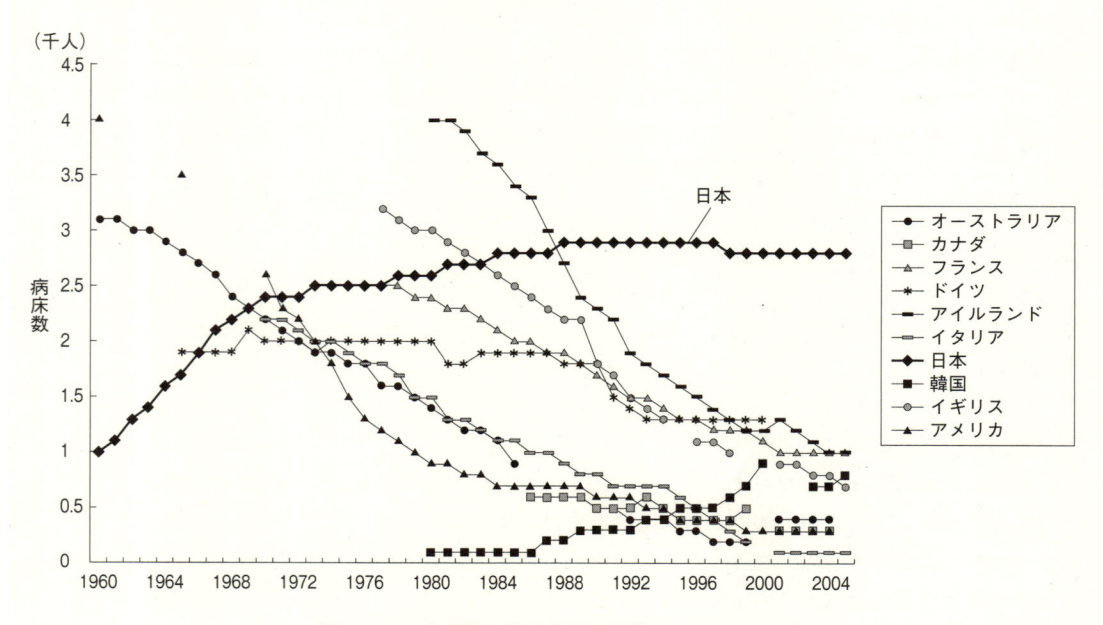

図3-1-1　病床数　諸外国との比較（福田，2010）

どうしてこんなことが起こるのでしょうか。日本の精神疾患の人びとの病状が他の国の人びとより重症なのでしょうか。それとも，日本人は他の国民よりも精神疾患の発病率が高いのでしょうか。それとも，日本の精神科医療の水準が世界から著しく劣っているのでしょうか。どれも違います。世界的に精神疾患の発病率はほぼ同じであり，病気の重篤さもほぼ同じです。日本の精神科医療の水準は世界の国のなかでは高い方です。

しかしながら，日本では病床が減らず，入院患者も減らないのです。その理由は，入院医療に偏った予算が使われ，地域医療や福祉の予算が少ないからなのです。その結果，もう入院治療は必要でもないにもかかわらず，地域に暮らす家がないため，精神科病院に長期に入院している人がたくさんおられるのです。

2. 保　　健

精神保健の仕事をする機関は，**保健所**，**精神保健福祉センター**，**市町村**があります。保健所の数は減少し，保健所で働く保健師や精神保健福祉相談員の数は減少し，精神障害者の相談や家庭訪問の数は年々減り続けています。本来，保健所や市町村は住民の健康の保持増進を図る機関ですが，相談や訪問が減少しているということは，地域で精神障害者を支える力が弱くなっているということです。

3. 福　　祉

精神障害者の福祉は，障害者自立支援法に基づいて行われています。しかし，この法律では精神障害にだけ適用されない制度があり，また，精神障害者独自に必要なサービスが盛り込まれていないのです。たとえば，精神障害者のなかには治療が必要でありながらまったく治療を受けていない人（未治療者）や，かつては治療を受けていたがさまざまな理由から治療を中断している人（治療中断者）や，治療は受けているがほとんど家のなかですることもなく生活している人（生活支援必要者）など，訪問や往診が必要な人がたくさんいるにもかかわらず，福祉と医療が包括的に提供される制度が日本にはありません。すなわち，自らが支援を求めて出かけることができる人へのサービスはありますが，出かけられない人など支援が必要な人ほど支援が届かないしくみになっているのです。

4　精神保健福祉士ってどんな仕事をするの？

1. 資格について

精神保健福祉士は，精神障害者の相談援助にあたる職種で，1997年に精神保健福祉士法が成立し，国家資格になりました。それまでは精神科ソーシャルワーカー（Psychiatric Social Worker: PSW）と呼ばれていました。

2. 仕事の内容

仕事の内容は主として精神疾患と障害をもつ人や不適応状態にある人への相談援助活動です。具体的な対象者は不登校，ひきこもり，家庭内暴力の小学校，中学校，高等学校の児童・生徒，第1節で述べた精神疾患のある人などです。子どもからお年寄りまでのメンタルヘルスの相談も受けることがあります。

相談内容は，第2節の生活障害に関すること，治療に関することなどが中心ですが，働

くことを希望する人には，どんな仕事が向いているかを一緒に考え，仕事を探し，その人が職場に定着するまで支援することもあります。また，精神保健福祉士は，相談活動だけでなく，社会生活技能訓練や認知行動療法など，その人に必要な訓練にも携わります。このような訓練に携わるところは，同じソーシャルワーカーの社会福祉士と異なる点です。

3. 働く機関

　精神保健福祉士は，前節で述べたように日本の長期入院者の退院促進や地域で生活している精神障害者の豊かな生活を支援するために誕生した国家資格です。したがって，資格ができた当初の勤務先は，精神科病院，精神科診療所などの医療機関，障害者自立支援法に基づく就労移行支援事業所，就労継続支援事業所，地域活動支援センターなどが中心でした。しかし，その後，保護観察所の社会復帰調整官や企業のメンタルヘルスを支える産業ソーシャルワーカー，教育現場である学校で働くスクールソーシャルワーカーなど活躍する場が拡大してきています。また，精神保健福祉相談員として，保健所や精神保健福祉センター，市町村で働くこともできます。ただし，これらの機関は公的機関ですから，該当する市町村や都道府県の公務員試験を受けて合格する必要があります。

4. 資格がとれる大学の学科

　精神保健福祉士はソーシャルワークを学問上の基盤にしています。しかし，臨床心理学や社会学，精神医学など近接領域の知識や技術も必要とするため，社会福祉学科だけでなく臨床心理学科や福祉心理学科，臨床福祉学科などでも精神保健福祉士を養成しています。

5. 精神保健福祉士の魅力

　精神保健福祉士の魅力は，なんといっても精神疾患や精神障害のある人と関わるなかで自分が成長していけることです。対象者に寄り添うことで，物事の見方や考え方が広がり，人間として成長できます。また，多くの対象者は思いやりがあり，言語的表現力のつたなさはありますが，深い洞察力をもっておられ，限りあるいのちを懸命に生きることの大切さを専門職に教えてくれるのです。そのような人びとに寄り添いながら，障害のある人もない人もともに住み慣れた場所で暮らし続けられる社会を創造する活動を行うのが精神保健福祉士です。

5　重い精神障害者への地域生活支援

1. 日本における課題

　日本における精神保健福祉の課題は沢山あります。そのなかでも，第3節で述べた長期入院者の問題とともに，**重い精神障害**のある人の地域における生活支援は重要な課題です。
　重い精神障害とは，次のように考えられています。
　①診　　断
　主要な精神病性の疾患と診断されている，統合失調症やその類縁の疾患，気分障害（うつ病，双極性障害）などのある人。
　②障　　害
　社会的関係や仕事，余暇，身の回りのこと，家事などが自分で十分にできない。

③罹病期間

十分な精神科治療をかなりの期間受けているが，回復しない。たとえば，複数の入院歴や数か月にわたる入院，集中的な治療プログラムに参加している人です。

2. 地域支援システムの必要性

さて，このような重い精神障害者には，図3-1-2のような**地域支援システム**が必要であると言われています。

図3-1-2について簡単に説明しましょう。重い精神障害者には，図3-1-2のようなサービスを調整する調整機関が地域にあることが欠かせません。その機関の職員はケアマネジャーとなり，次のようなことを行います。まず利用者を発見し，訪問することが必要です（利用者の特定と訪問）。そして，その利用者と良好な支援関係を結び，精神科治療を行い，精神的な危機状態が訪れたときには，いつでも危機対応サービスを提供します。そのためには24時間365日途切れないサービスが必要で，夜間や休日であっても支援する体制が必要です。さらに身体的な健康管理や治療，清潔で温かい住居，経済的な支援が必要です。次のピアサポートとは，同じ疾患や障害をもつ人びととの支え合いのことです。そして，家族やその利用者が住んでいる地域を住み心地よくする支援，利用者が一般住民と同じように希望すれば働きに行けるようになるまで回復するリハビリテーションサービスが必要となります。最後に，利用者の権利を守る活動と，以上を総合的に調整するケアマネジメントを行うのです。

現在のところ，このようなシステムは日本では制度化されていませんが，いくつかの機関が日本にある制度を活用しながら，取り組んでいます。

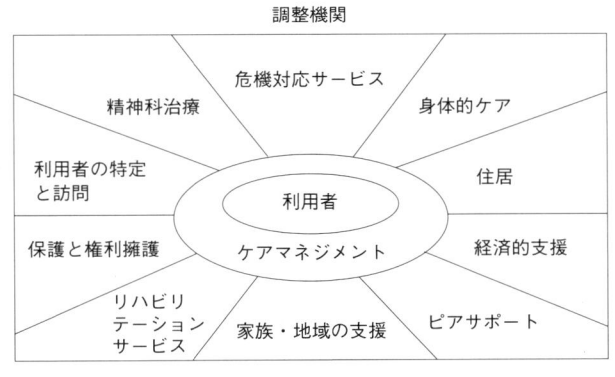

図3-1-2 地域支援システム

6　重い精神障害者の家族を支援する

1. 家族の状況

精神疾患は家族に大きな波紋を引き起こします。それはあたかも水面に石を投げたときのように家族に広がっていきます。

日本の精神障害者の約75％は家族と同居するか，家族の支援を受けて生活しています。そして，その家族の多くは高齢で年金生活者であり，年収300万円以下の収入で暮らして

います。**家族**は，精神障害者本人が治療を受け，安定するまでに長期間かかるため，大きな苦労を背負っています。また，安定した後も，それまでの過程があまりにも過酷であったため，本人の状態が少し変化するだけで，発病当時の状況を思い出し，不安で一杯になるとのことです。それはまるで外傷性ストレス障害のようで，一瞬にして病状悪化時の混乱状態の世界に舞い戻り，胸が苦しくなるのです。

2. 家族支援も専門職の仕事

イギリスでは，**介護者法**という障害者や高齢者などの援助を必要としている人の世話を無償でする人びとに対して，アセスメントをして，介護者が安心して世話を続けられるようサービスを提供する法律があります。たとえば，介護者が週末には休息を求めているなら，週末のレスパイトサービスが提供されます。日本にはこのような制度はありませんが，介護している家族をしっかり支援することは，専門職の重要な仕事であり，日本の専門職の今後の課題です。

3. 日本の法制度

日本の**精神保健及び精神障害者福祉に関する法律**では，家族は精神障害者本人の治療を受けさせること，本人の診断が正しく行われるよう医師に協力すること，医療を受けさせるにあたっては医師の指示に従うこと，本人の財産上の利益を保護すること，回復した措置入院患者を引き取ることなどの責務が課されています。そのため，家族は高齢になってもつねに責任を負わされ，安心した生活が送りにくくなっています。このような制度は，精神障害者本人にも苦痛であり，ときには家族関係を悪化させてしまうこともあります。

4. 家族の願い

日本の家族，とくに両親は，何よりも精神障害者本人が回復することを願っており，自らの健康や楽しみを犠牲にしても，本人の回復のために行動します。それは親子のほどよい距離を保てなくし，本人の自立を阻害することさえあるので，必ずしも良いこととはいえません。しかし，これは，家族が精神障害者本人の支援を安心して任せられる機関がないために，抱え込まざるをえないからなのです。

5. 家族がその人らしく生活できる社会の実現

家族が精神障害者本人の世話から解放され，適度な距離を保ちつつ，家族の絆をもち続け，その年代の人と同様な生活ができるような社会の実現が期待されます。それは精神障害者だけでなく，知的障害者や重度身体障害者，認知症のある人の世話をする家族すべてが安心して生活できる社会の実現です。

7　海外の精神保健福祉

1. イギリスのバーミンガム市

バーミンガム市は，ロンドン，マンチェスターに次ぐ英国第3番目の都市であり，約100万人の人口のうち30％弱をアジア系および黒人系住民が占める移民の多い地域です。バーミンガム＆ソリハル精神保健国民保健サービスの対象人口は，バーミンガム市の南東

部にあるソリハルを含め約130万人です。

バーミンガムが重い精神障害者の地域生活支援を開始したのは1993年からです。今では大きな精神科病院を閉じて、市民が赤ちゃんの健診に気楽に利用する保健所のような機関に20床程度の精神科病床を併設して、市民に精神科を身近に感じてもらえ、利用しやすいようにしています。

地域に事務所を置く訪問チームがいくつもあります。同じ地域に最重度の人の支援をするチーム、やや安定した人を支援するチーム、さらに安定した人をみるチーム、最初の相談を受け付けるチームなど役割の異なるチームがあります。精神障害者は回復するにつれて、サービス量の多いチームから少ないチームへと移動し、最終的には地域にある**かかりつけ一般家庭医**（General Practitioner: GP）に戻り、治療を受ける制度になっています。

図3-1-3　バーミンガムはどこでしょう

かかりつけ一般家庭医は、日本の医療制度とは異なり、すべての疾患を診ることができる医師です。同じ国民保健サービス機関が運営しているので、これらのチームやかかりつけ一般家庭医の間では利用者の記録も電子カルテになっていて共有できるようになっています。イギリスの**国民保健サービス**は、独立行政法人のような組織ですが、医療費は一部の薬代以外は無料です。

このようにイギリスでは、全国統一したシステムが整備されており、重い精神障害者も地域で支援を受けながら暮らせるしくみになっています。

2. アメリカのインディアナ州

インディアナ州は米国の中西部に位置し、数年前の調査によると米国のなかでは最も暮らしやすい州の第2番目に認定された州であり、安全で物価が安く、住民はゆとりのある住居をもつことができるといわれています。人口は650万人弱であり、年々人口が増えています。

インディアナ州は、インディアナコルツというアメリカンフットボールのチームがあったり、インディ500というカーレースが行われたり、また、マイケル・ジャクソンの出身地であることでも有名ですが、2009年までは**包括型地域生活支援**（Assertive Community Treatment: ACT）という最重度の精神障害者を支援するチームが32もあることで有名でした。インディアナポリス市にあるAdult & Childという機関は、ACTチームを3つとACTを卒業した人の就労を支援するチームを4つもっていました。また、精神障害者の回復者がピアスペシャリストとしてACTチームで働いています。ピアスペシャリストは権利擁護者としての役割だけでなく、回復した当事者として、重い精神障害者に希望をもたらす役割を果たしています。

家族会（障害者本人も参加）活動もさかんで、NAMI（National Alliance on Mental Illness）という家族会のインディアナ支部が熱心に活動し、家族が専門職に期待することについての研修会をシリーズで開催しています。家族は支援の対象者でもありますが、アメリカではこのように家族が専門職を対象に教育することもあるのです。

8 包括型地域生活支援

1. ACT とは
ACT は，日本では「包括的地域生活支援」とも呼ばれますが，最近は「アクト」という読み方が普及してきました。

(1) ACT の歴史
ACT は，1960 年代後半にアメリカのウィスコンシン州マジソン市のメンドタ州立病院入院患者研究チームが，重い精神障害者にとっては，リハビリテーションのための入院を長期化させるよりも，治療とリハビリテーションを地域生活の場で行うことでより効果があるのではないかとの仮説を立てて，その仮説を立証するために 1972 年から開始したのが始まりです。実際にやってみると，重い精神障害者の入院を防ぎ，地域生活を豊かにできることがわかり，今では，カナダ，イギリス，北欧諸国，オーストラリア，ニュージーランドなどの多くの国で行われています。

(2) ACT の対象者
ACT は，統合失調症や双極性障害，重症のうつ病などの診断名をもち，今までのサービスを受けるだけでは安定した地域生活を送ることができない人を対象としています。たとえば，長期入院やたびたび入退院を繰り返す人，未治療のまま放置されている人，ホームレス生活などを体験するような，重い精神障害のある人を対象にします。

(3) ACT のサービス内容
ACT は，精神保健福祉士，看護師，作業療法士，精神科医，就労支援担当者などの多職種でチームを形成し，各職種は職域を越えてサービスを提供します。サービスの内容は，**社会支援サービス**（住居探し，買い物や調理などの家事支援，働くための支援など），**リハビリテーションサービス**（病気や服薬を自分で管理できるようになること，カウンセリングなど），**精神科治療**（精神科治療を継続するための診察や処方，一時的な入院のための支援など）を行います。これらのサービスは，すべて精神障害者が住んでいる家庭や活動している場所で提供されます。また，ACT のスタッフが担当する精神障害者は 10 人までと決められていて，きめ細かなサービスを受けることができます。

(4) ACT の効果
ACT サービスは，重い精神障害者の入院日数を大幅に減少させ，生活の場を安定させること，医療中断を少なくすることがアメリカなどの効果研究で明らかになっています。

日本でも ACT の実践活動が開始された 2003 年 5 月から 9 年が経過し，効果が明らかになってきました。日本での効果は，入院日数や入院回数の減少，生活の質の改善，未治療・治療中断者の入院回避や危機回避，投薬の減量，医療費の低減などの効果が明らかにされています。

これからは，ACT のような活動が広がり，世界一多い精神科病床数を減らし，精神障害者とその家族が安心して地域で暮らせる社会を創造することが重要です。そのために，精神保健福祉士が中心になって活動していくことが求められており，精神保健福祉士は重要な職種であるといえます。

文　献

福田裕典　2010　包括的アウトリーチへの招待——ACT と地域包括精神保健センター（仮称）　岡山県研究会資料

World Health Organization　1992　*The ICD-10 Classification of Mental and Behavioural Disorders: Clinical descriptions and diagnostics guidelines.*（融　道男・中根允文・小見山実他（訳）　2007　ICD-10　精神および行動の障害　臨床記述と診断ガイドライン新訂版　医学書院）

2 子どもの発達と小児科学

1 お母さんのお腹の中でも育っている

1. 私たちは遺伝子情報の担い手

　生命は，約 38 億年前に誕生し，海から陸へと環境を移し，これに適応するため進化して命をつないできました。親から子へとバトンが引き継がれ，次の世代に**遺伝子情報**が伝えられていきます。言い換えると，私たちは遺伝子情報の担い手であるのかもしれませんね。親と子は同じではないが似ている，という現象を説明するのに，さまざまな説が考えだされましたが，遺伝に関わる要素（遺伝子）の存在を仮定し，論理的に遺伝現象を説明した初めての人物が，メンデル（Mendel, G. J.）です（1866 年遺伝法則の発見）。さて，この遺伝子情報は，一体どこにあると思いますか。これは，体を構成する一つひとつの細胞の核の中にある DNA（デオキシリボ核酸）に組み込まれています。この DNA は，1869 年ミーシャー（Miescher, F.）により発見され，1950 年代にはワトソン（Watson, J. D.）とクリック（Crick, F.）が二重らせん構造であることを解明しまし

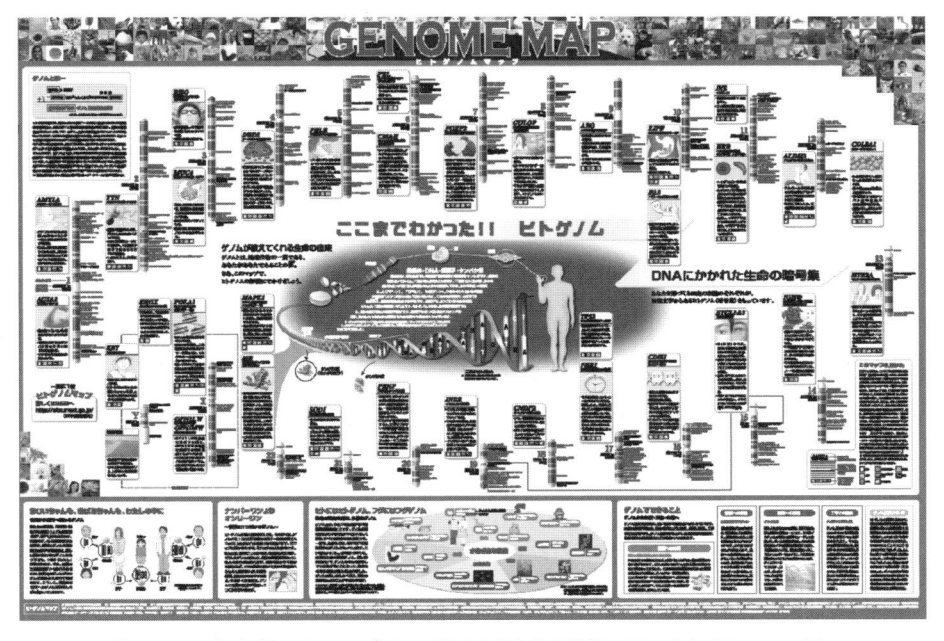

図 3-2-1　ヒトゲノムマップ Web 版（京都大学大学院，2006 よりダウンロード）

た。DNAに含まれる遺伝情報をゲノムといいますが，1990年代になると，ヒトのゲノム情報を解読する「**ヒトゲノム計画**」がアメリカ，イギリス，日本などでスタートし，2004年に遂に完全解読されました（図3-2-1）。ヒトゲノムに含まれる遺伝子の数は，2万数千個であると推定されています。私たちは，一人ひとり異なる「世界に一つだけのゲノム」をもっています。また，生きものは，それぞれの種に固有のゲノムをもっており，犬ならイヌゲノム，大腸菌なら大腸菌ゲノムです。

2. ヒトの染色体

私たちヒトの体は，約60兆個もの細胞からできています。この細胞には，体細胞（体を作る細胞）と生殖細胞（次の世代を作る細胞）という2種類があり，それぞれの細胞の核の中には，DNAが幾重にも折りたたまれた染色体という構造物があります（図3-2-2）。体細胞には46本の**染色体**があり，22対44本の常染色体と，1対2本の性染色体とから構成されています。性染色体は，女性はXX，男性がXYですので，正常核型は，女性が46, XX，男性が46, XYと表現されます。

一方，次世代に遺伝子情報を伝える生殖細胞には，体細胞の半分の23本の染色体があります。生殖細胞は，女性では卵子に，男性では精子に分化し，思春期を迎えると女性では排卵，男性では精通が始まり，受精に向けての準備が整います。受精によって，母親のゲノムをゆずり受けた卵子と，父親のゲノムをゆずり受けた精子が出会い，新しい組み合わせのゲノムをもつ子ども，つまり「わたし」が生まれます。

ヒトは一人ひとり違いますが，ヒトゲノムは99.9％が共通しており，個人差はたったの0.1％だということがわかってきました。この0.1％の違いに，環境，生活習慣の違いなどが影響して，一人ひとりの個性が生まれるのです。

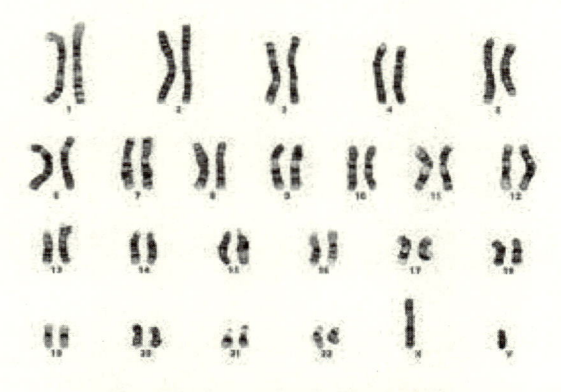

図3-2-2 ヒトの染色体（男性の場合）

3. 卵子と精子

卵子は，卵巣に蓄えられており，排卵は月に約1回おこります。卵子は約10万個，卵巣の中に存在しますが，女性が一生の内に排卵するのは，この内のおよそ500個です。

一方，精子は1回の射精で1～3億個放出されますが，受精までにはさまざまな難関が待っています。子宮に入り，卵管をさかのぼり，無事に受精の場所である卵管膨大部に到達するのは，数百個に過ぎません。さらに，卵子にたどり着いて受精が可能なのは，たった1個の選ばれし精子です。

4. 受精

1個の精子と1個の卵子が受精してできた1個の受精卵が，ヒトの始まりです（図3-2-3）。これが，子宮に到達し，子宮の壁に着床します。ここでさらに細胞分裂を続け，ヒトの体と胎盤とが作られます。

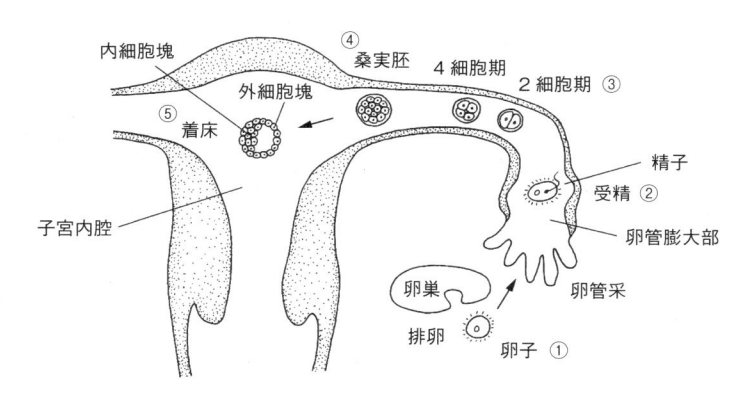

図3-2-3　受精から着床まで（杉本ら，2006より引用）
①排卵直後の卵子，②受精，③2細胞期，④桑実胚，⑤着床

5. 胎児の成長

最初は1個の細胞であったものが細胞分裂を繰り返し，沢山の細胞は特殊なたんぱく質（カドヘリン）に導かれ，それぞれの機能を担う器官に分化し，人の体を構成していきます。お母さんの子宮の中にいるときから，赤ちゃんはどんどんと成長しているのですね。妊娠中は，お母さんの体もどんどんと変化していきます。それでは，妊娠期間を3つに分けて，見てみましょう（図3-2-4）。

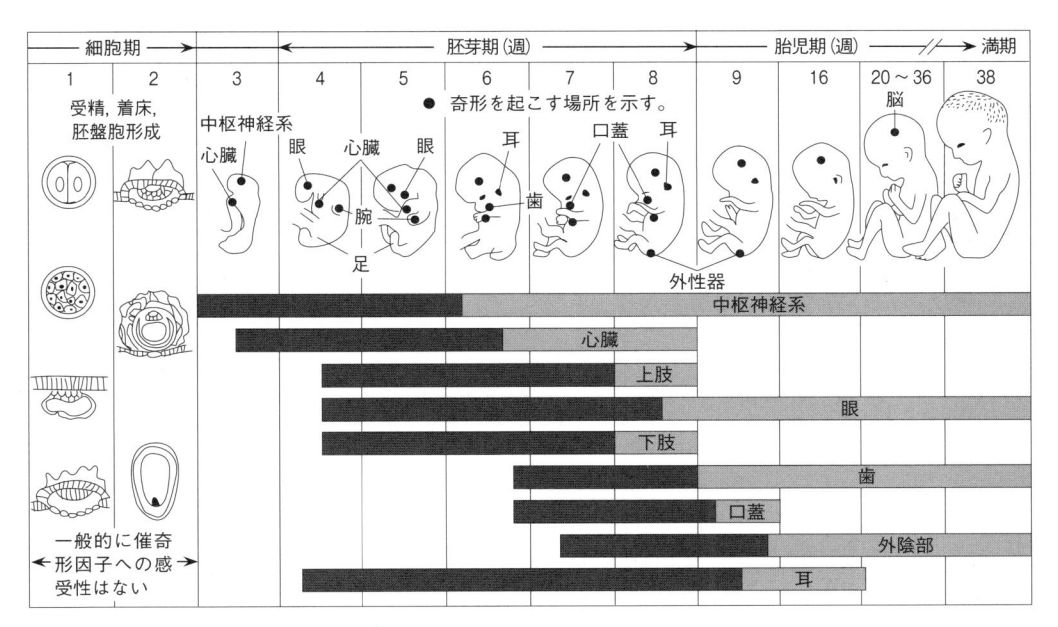

図3-2-4　胎児の成長（杉本ら，2006より引用）

(1) 妊娠初期

　妊娠4か月（15週）までを妊娠初期といいます。お母さんは，2か月ころはつわりが始まり辛い時期ですが，4か月になると次第に食欲が出てきます。**胎児**は，体の長さが15cm，体重は120gまでに育ち，人間らしい体つきになり，男女の区別もできます。脳や心臓，手足などの器官が形作られ，胎児を育てる胎盤が完成すると流産の心配はほぼなくなります。この時期に胎児に悪い影響があると，発育不全や先天異常が発現する危険もあります。たとえば，母親が服用した薬の成分が胎盤を通して胎児に運ばれる，あるいは母親が感染したウイルスが胎児に悪影響を与える，ということが発生しやすいのです。薬や感染症の他にも，お酒やたばこ，放射線なども胎児に影響を与えます。

(2) 妊娠中期

　妊娠5〜7か月（16週〜27週）が妊娠中期です。胎児の大きさは，約35cm，体重は1000gくらいに成長し，お母さんのお腹は次第に大きくなっていきます。体の各器官の働きが増し，胎動が感じられます。髪の毛や爪が生え，目や耳は十分に発達し，外からの音も聞こえ始めます。また，胎児は母親からの栄養で成長します。母親の栄養不足は胎児の発育不全を招きますので，バランスの取れた食生活を心がける必要があります。

(3) 妊娠後期

　妊娠8か月（28週）以降，お産までの時期を妊娠後期といいます。赤ちゃんの体の器官・機能も成熟し，40週には身長50cm体重3000gくらいに育ちます。出産のため骨盤内に下がり，母親の体を圧迫するために動悸，息切れ，胃の圧迫感などを感じることがあります。また，成長とともに多量の老廃物の処理を胎盤が行うために，母親には高血圧やむくみ，タンパク尿などの症状があらわれることがあります。これを，妊娠高血圧症候群（妊娠中毒症）といいます。

2　赤ちゃんの誕生

　受精後，赤ちゃんはすくすくと母親の子宮の中で育っていきますが，お父さんとお母さんは病院や役所に出かけて赤ちゃんを家族として迎える準備を整える必要があります。10か月の間は，「親」になる準備期間であるともいえます。

1. 妊娠がわかったら

(1) 妊娠を届け出ます

　妊娠がわかったら，居住地の市区町村役場，あるいは保健所に妊娠を届け出ます。すると，母子健康手帳が交付されます。これは，保健指導や健康診断などの行政上のサービスや，社会保険による保険給付を受けるために必要な手続きなので，できるだけ早く届け出る必要があります。

(2) 母子健康手帳をもらいます

　母子健康手帳（図3-2-5）とは，妊娠してから子どもが小学校に入学するまでの間，お母さんと子どもの健康を記録するものです。ここには，妊娠中の健康状態を記録するところや，子どもの成長，発達についての質問事項，子育てに関する情報，予防接種や妊婦健康診査などのチケットなど，重要なものが盛りだくさんに含まれています。また，ここに記録をするのは，母親のみならず病院の医療スタッフ，保健所・保健センターの保健師な

図 3-2-5 母子健康手帳のいろいろ（自治体によってデザインが異なります。）

どです。

2. 妊娠中に注意すること
(1) 定期健康診査（妊婦健診）

もちろん，妊娠は病気ではありませんが，妊娠中のお母さんと赤ちゃんの体には時々刻々と変化が訪れます。ときには，トラブルが発生してお母さんや赤ちゃんの命，胎児の発育・発達に影響することがありますので，病院などで医師，助産師によって妊娠が順調かどうか，専門的なチェックを受けて指導を受けることが不可欠です。

とくに問題がなくても，妊娠6か月までは4週間に1回，7〜9か月は2週に1回，10か月目になると毎週1回の**妊婦健診**を受けるようにします。

表 3-2-1　妊娠中に実施する検査

妊娠初期の検査	血液検査（血液型，貧血，梅毒血清反応，B型肝炎ウイルス抗原検査）
毎回行う検査	子宮の大きさ・腹囲，胎児（大きさ，位置，心音），母体（体重，血圧，尿検査，むくみ）
必要に応じて行う検査	超音波検査（図3-2-6），胎児・胎盤機能検査，胸部X線，骨盤X線，血液検査（血糖値，血液凝固，肝・腎機能，各種抗体［C型肝炎，風疹，HIV，トキソプラズマ他］），性器クラミジア検査

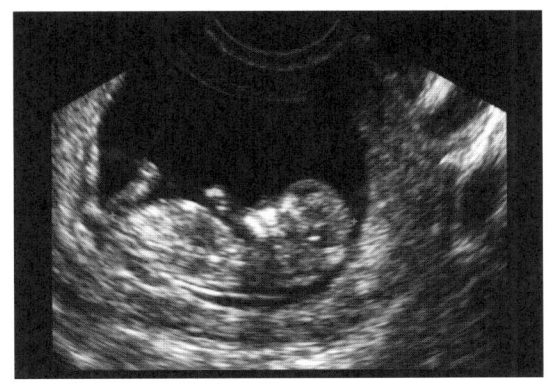

図 3-2-6　超音波検査で見える胎児のようす

(2) 日常生活での注意—たばことアルコール—

　たばことアルコールは胎児に悪い影響を与えます。たばこは，ニコチンや一酸化炭素が含まれているために，赤ちゃんの体が十分に育たず低出生体重児（生まれたときの体重が2500g未満の小さい赤ちゃん）になったり，流産・早産，周産期死亡率が高くなる，あるいは乳幼児突然死症候群と関係することが知られています。お母さん本人がたばこを吸ってはいけないことはもちろんですが，家族や職場で周りの人が喫煙し，お母さんや赤ちゃんが間接的にたばこの煙を吸うのもいけません。また，授乳中のお母さんがたばこを吸うと，母乳の分泌に影響が及んだり，赤ちゃんの呼吸器の病気を引き起こすことがあります。

　アルコールは胎盤を通りやすく，妊娠中の習慣的な飲酒は，たばこと同様に流産・早産の可能性が高くなります。また，赤ちゃんの中枢神経系に異常を起こす可能性が高くなります。授乳中の飲酒も母乳の分泌に影響があり，母乳を通して赤ちゃんに移行しますので，どちらの時期もお酒は控えます。

(3) 妊娠中に気をつける感染症—風疹—

　お母さんがウイルスや細菌などの病原体に感染して，お腹の赤ちゃんに影響を与える場合があります。

　風疹は，熱と発疹の出る3日くらいで自然に治っていく風疹ウイルスによる感染症です。はしか（麻疹）とは違う病気ですが，症状が似ていて早く治るために「三日ばしか」ともいいます。子どものうちにかかると比較的軽くて済みますし，幼児期に予防接種を受けている場合は安心ですが，予防接種の法律がかわってから子どもに受けさせていない場合がよくあります。とくに，今の20〜30代の男性には免疫のない人がたくさんいます。ここで心配なことは，女性が妊娠の初期に風疹にかかった場合，赤ちゃんにも感染して難聴，白内障あるいは緑内障，生まれつきの心臓の病気，発達の遅れを発症することがあり，これを「**先天性風疹症候群**」といいます。女性のみならず男性もかかればパートナーにうつす可能性がありますので，風疹にかかったことのない場合，あるいは十分な免疫のない場合は，男女とも予防接種を受けることが必要です。かかったはず，予防接種をした，などと記憶していても，別の病気や予防接種の可能性もあります。自分の母子手帳を確認しておきましょう。

　今から5〜6年前，高校生，大学生にはしかが全国的に流行し，社会問題になりました。このために，平成20年から5年間，中学1年生，高校1年生を対象に，**MRワクチン**（はしかと風疹の混合ワクチン）を接種することが勧められています（費用は全額あるいは一部市区町村で負担）。とくに，医療・福祉や教育・保育関係の進学や就職には免疫をもっていることが求められます。まだまだ先のことで自分は関係ないとは思わずに，今から将来に備えておきましょう（図3-2-7）。

図3-2-7　文部科学省と厚生労働省からの高校生への予防接種周知のキャンペーン用ポスター（文部科学省より引用）

3. 赤ちゃんの誕生

　いよいよ，お母さんの子宮という守られた世界から飛び出し，劇的な環境の変化が訪れます。この変化にうまく適応できるかどうか，しっかりと見守る必要がありますので，日

本ではおよそ1週間，お産した病院や助産院で赤ちゃんとお母さんの様子を観察します。生まれてすぐに，へその緒をクリップでとめて切り，誕生の時間を確認し，体重を量ります。生まれてすぐに，赤ちゃんの健康状態を5つの項目（皮ふの色，心拍数，刺激への反応，筋肉の緊張，呼吸の様子）についてチェックします。これを**アプガースコア**といい，産院で母子手帳に記入してくれます。

　おっぱいを上手に飲めるか，尿や便が出ているか，皮ふの様子，体重の変化，などを観察し，1週間で帰宅することができます。入院中には，代謝性の病気を早期に発見するための検査（ガスリー検査）や，新生児の出血予防のためにビタミンを飲ませるなど，赤ちゃんにとって必要なことが施されます。また，へその緒は1週間くらいでぽろりと取れるので，退院のときに箱や袋に入れてお母さんに渡されます。お母さんも，お産のからだを癒し，授乳の練習をし，赤ちゃんと一緒に帰ります。

3　すくすく大きくなぁれ

1.子どもを育てる

　ヒトの子どもは，他の動物と違って生まれてすぐには歩くことができません。昔は，生まれたばかりの赤ちゃんは，目も見えず，耳も聞こえないと信じられてきましたが，さまざまな研究の結果，お母さんのお腹にいるときから音を聞き，生まれた直後でも目が見えることがわかっています。音の聞こえていた証拠に，お母さんのお腹の中で聞こえる音（血液が流れるザー，ザーというリズミカルな雑音）のするぬいぐるみ（図3-2-8）が売られていますが，このスイッチを入れると，なんと赤ちゃんは泣きやんでくれます（効果は数か月です）。一方，目で見る力というのは，生まれて初めて光を浴びることによって育ち始めますので，赤ちゃんの視力はとても弱く，0.001程度です。ちょうど，お母さんのおっぱいをもらう数十センチの距離がやっと見える程度です。その後，生後6か月で0.1になり，ゆっくりと時間をかけて発達していきます。ひとりで歩けるのにも，およそ1年かかります。

　つまり，お母さん，お父さんという絶対に守ってくれる人の存在がなくては，ヒトの赤ちゃんは生きることができないのですね。

図3-2-8　お母さんの胎内音がするぬいぐるみ

ママの胸でスヤスヤ

2. 保健センターに行こう―乳幼児健診―

　生後1か月には，お産をした産科に行き，お母さんの産後の回復と母乳の出具合，赤ちゃんの体重の増えや健康状態など，母子の健康チェックを行います。また，赤ちゃんに熱がある，咳をする，便の色がおかしい，などの症状があらわれ，病気が疑われるときには，かかりつけの小児科を受診して治療をうける必要があります。

　しかし，子どもの健康状態に何ら問題はなくとも，育児に悩みはつきものです。日々の子育てについては，雑誌やインターネット，テレビなどからたくさんの情報を得ることができます。もちろん，身近な自分の親きょうだい，友人に相談することもできますし，近所の公園や図書館，保育所，幼稚園で出会う同い年くらいの子どもの親御さんたちと話をすることもできるでしょう。ミルクを飲んでくれない，夜泣きがひどい，抱っこぐせがついてしまった，皮ふが荒れている，便が固くて出にくい，離乳食を食べない，向き癖がついて頭の形がいびつ，など，新米ママ・パパは，育児相談所でいろいろな悩みを打ち明けられます。叱り方やほめ方も，悩ましいところです。とくに，親の側に気持ちの余裕がないと，しつけのつもりがつい感情的になって怒ってばかり，という悪循環に陥りがちです。

　近くに相談できる人や場所がないという場合でも，すべての子どもの発育と発達についてきちんと見守るシステム，「乳幼児健診」があります。住まいのある市区町村の保健センター，保健所で定期的に開催されており，お母さんお父さんには必ず案内が通知されます。ここでは，保健師や小児科医が中心となり，身長，体重，頭の大きさなどの計測，栄養，歯の手入れの指導，行動の観察など，子どもの発育と発達を確認して，必要に応じてアドバイスをします。いくら上手に子育てをしていても，きょうだいと同じように接していても，子どもにはそれぞれもって生まれた特性，個性があります。体格が大きい子，食の細い子，おしゃべりが遅い子，ひとり歩きの早い子，元気に走り回る子，引っ込み思案な子など，いろいろです。また，親の側にもそれぞれ個性がありますので，親子の組み合わせは多種多様です。親の悩みを聞き，一人ひとりの子どもに合わせて，どのように関わればいいのかを的確にアドバイスをする機会，それが乳幼児健診です。'見守って大丈夫''叱るときはひと呼吸おいて''ひと月後にもう一度様子をみせにきてください'とアドバイスをしたり，親子のあそび教室の紹介，専門の病院を紹介するなど，多様な対応を行います。

　母子手帳にも，子どもの発育，発達の目安となる質問項目が書かれており，子どもの月齢，年齢に合わせて記入していくと，およその様子がわかるようになっています。

　乳幼児健診は，市区町村によって若干の違いはありますが，生後4～5か月，生後8～9か月，1歳6か月，3歳で行われます。最近は，小学校入学前の4～5歳児にも健診を行うところが少しずつ増えてきました。

4　アンヨが上手になる日まで―子どもの運動の発達―

1. 体に備わる反射のいろいろ

　生まれたての赤ちゃんは，自分の意思で行動するところまで成長していませんが，さまざまな反射が体に備わっています。たとえば，口の中に入ってきたものをチュッチュと一生懸命吸います。これを吸啜（きゅうてつ）反射といい，このおかげで生まれた直後からお母さんのおっぱいを飲むことができます。この反射は，次第に体から消えてなくなり，生後12か月

にもなると、自分の意思で飲むのをいやがったり、あそび飲みなどができるようになります。うまくしたもので、それはちょうど卒乳を始める時期でもあり、からだの消化機能も育っていきます。また、手のひらに触れたものを何でも握るのが、掌握反射です。赤ちゃんの手のひらの中に、小指をそっとはさんでみるときゅっと握り返してくれるので、何ともいえない幸せな気分を味わうことができます。他にも、反応性微笑といって、ふっと笑う表情をみせることがあり、あまりの可愛さにママ・パパは笑顔になること請け合いです。

以上のような、赤ちゃんに生まれつき備わっている反射を**原始反射**といい、生まれて数か月で次第に消えてなくなります。

2. ひとりで歩けるまで

生まれたての赤ちゃんは、手足をぴんぴん元気に動かしますが、ひとりで移動することはできません。二足歩行ができるようになるのに、およそ1年かかります。それまでに、一つひとつ動きをマスターして、次第に寝たままの状態から起き上がり、自分の足で動けるようになるのです。これを**粗大運動**の発達といいます（図3-2-9、表3-2-2）。

5か月　　6か月　　7か月　　8か月

図 3-2-9　おすわりの発達（長谷川、2003 より引用）

3. 手と指のはたらき

手や指の動きも発達します。生まれてすぐは、物をつかんだり、押したりもできませんが、次第に好きなものを手につかみ、口元に持ってきてなめてみたり、小さなものを指先でつまんだり、スプーンやフォーク、クレヨン、鉛筆といった、道具を使いこなせるようになります。あそびも、バシャバシャ水あそび、お砂場あそびから、お絵かき、折り紙など、多彩な広がりをみせます。このような手指の発達のことを、**微細運動**の発達といいます（表3-2-2）。

表 3-2-2　子どもの運動発達のめやす

子どもの月齢、年齢	粗大運動のめやす	微細運動のめやす
4か月	くびがすわる	ガラガラなど持たせるとしばらく振っている
7か月	ねがえり、おすわりをする	物を手のひらでつかむ
10か月	つかまり立ち、はいはいをする	
12か月	つたい歩き、ひとり立ちをする	親指と人さし指でものをつまむ
1歳6か月	ひとりで上手に歩く、階段を上り始める	積み木を2～3個つむ
2歳	走る、手すりにつかまり足をそろえてひとりで階段をのぼる	
3歳	階段を交互に足を出してのぼる、けんけんする、三輪車がこげる	積み木を8個つむ

5　ママと呼んでくれるかな―子どものことばの発達―

　　生まれてすぐにはお話できない赤ちゃんですが，数か月すると‛まんまんまん……’‛ぶーぶーぶー’など，はっきりとした意味はもたないけれど，お話しようと声を出し始めます。この赤ちゃんことばを喃語(なんご)といい，およそ10か月ころまでみられます。目を見て話しかけると，それに応えるかのように笑ったりごにょごにょ声を出したり，コミュニケーションを取ろうとしてくれます。そのうちに，はっきりと何かを意味することばを話し始めます。たとえば，‛ママ’‛まんま’‛ぶうぶ’など，身近なもの，大切なものから覚えることが多いですね。名前を呼びかけこちらをふり向いてくれると，ことばの意味をだんだん理解できるようになったことがわかります。おしゃべりできることばの数が次第に増えて，そのうちに2つのことばをつなげてより複雑な状況を話せるようになります。‛ママ’＋目力よりも，‛ママ，ジュース’と言う方が，ピンポイントではっきり自分の要求を伝えることができます。3歳になると，自分の気持ちを伝える力が備わります。つまり，何でも親の言うことを聞いていたのが，‛いやいや’と拒否できるようになるのです。手のかからない良い子が，ぐずっていやがり手ごたえが出てくるので，お母さんお父さんはどうすればいいのか悩み始めます。これが反抗期の始まりですね。行動もダイナミックに，活動範囲も広がり，お友だちとの関わりも広がりはじめます。おむつもはずれて自由になり，何でも自分でやってみたいと主張し，好奇心に満ちあふれています。お母さんお父さんは，どうやってしつければいいのか，社会のルールをどう教えるのか，叱り方，ほめ方のコツ，などあれこれ悩み始めます。

　　このように，ことばの数は生まれてたったの数年で，数個から数十個，数百個に増え，小学校に入学する頃には，約三千個のことばを話せるのです（表3-2-3）。

表3-2-3　子どものことばの発達のめやす

子どもの月齢，年齢	ことばの発達のめやす
4～10か月	喃語(なんご)「ばぶばぶ」「まんまん」など，擬音語，擬態語の反復をする
10か月	自分の意図，意思を伝えるために声を出す
1歳ころ	初めての意味のあることばを話す
1歳6か月	1～2語文を話す，ことばの数が増える
2歳	2語文を話す，ことばの数が数十個になる
3歳	3語文を話す，会話ができる，気持ちを伝える，自分の名前を言える
4歳	4～5語文，自分の経験を話す
5歳	自分の住所を言える，集団で話し合える，しりとり・なぞなぞなどことば遊びができる，3つの指示に従える
6歳	赤ちゃんことばを使わない，自分の誕生日が言える，ことばの数がおよそ3000になる，文法，会話内容，話のテーマが発達する

6　お友だちと一緒に遊べるかな―子どもの社会性の発達―

　　人は社会的な生きものであり，ひとりで生きていくことはできません。ここで必要とな

るのが，他の人とうまくやっていく力，つまり社会性の発達です（表3-2-4）。**ソーシャルスキル**ともいいます。赤ちゃんは，生後1か月ころにはお母さんの顔をじっと見つめ，目の前のものを目で追いかけます。2か月ころになると，あやすと笑うようになります。社会性が芽生えていく最初の様子ですね。また，とくに3歳ころまで，子育てをする大人（親あるいは親代わりの大人）との関係がとても大切であり，何か危険があったとき，あるいは危機に備えて，特定の大人（幼児の場合，お母さんなど）から守ってもらえて安全であるという確信が必要です。これは子どもの発達の基礎となり，感情的な絆を形成する核になるもので，**愛着（アタッチメント）**といいます。喃語で話しかけて発信し，お母さんにまとわりつき，姿が見えなくなると後追いをする，知らない人に抱かれると泣きだすなどの人見知り，大きくなっても毛布やぬいぐるみを手放せないなどの甘えん坊の行動は，この愛着が順調に発達している様子をあらわします。だれに抱かれても泣かない，スーパーで迷子になっても平気など，社会性が高いようにみえる様子は，かえって心配なこともあります。

　私たちは，ソーシャルスキルを取り立てて学んだという記憶はありません。ある時代や文化に生き，たくさんの人々と交わるなかでそれと教わることなく自然に身につけていくもの，それがソーシャルスキルです。どうやって，意識することなく自然に身についたのか。これは，「見よう見まね」と「試行錯誤」によるものです。見よう見まねで学習することを「**モデリング学習**」，試行錯誤で学習することを「**オペラント学習**」と呼びます。見よ

表 3-2-4　子どもの社会性の発達のめやす

子どもの月齢，年齢	社会性の発達のめやす
2か月	あやすと笑う，視線が合う
6か月	母親の区別がつく，イナイイナイバアを喜ぶ
7か月	人見知り，おもちゃを引っぱると抵抗する
10か月	後追い，「バイバイ」の手振り
1歳～	「ちょうだい」で渡してくれる
2歳～	子ども同士でふざけあう，ごっこ遊び
3歳～	役割のあるままごと，テレビのヒーローの真似，友だちと遊ぶ
4歳～	かくれんぼで役割の理解（ルールのある遊び）
5歳～	友だちと競争する

お友だちと仲良くなれるかな

う見まねと試行錯誤で学んだため，ソーシャルスキルを学んだ記憶がないのです。別の見方をすれば，①体験を通して習得され，②少しずつ段階を経て身につき，③成功したスキルが身についていくのです。

子どもにとって，信頼のできる大人との関わりや，友だちと遊ぶことは，大人になるためにとても大切なのです。

7　発達がゆっくり，発達が凸凹のこともある

1. 生まれも育ちも

子どもは一人ひとり違います。同じ親に育てられている同じ環境下でも，きょうだいによって性格も得意なことも違います。「生まれか育ちか」などとよくいわれますが，「生まれも育ちも」同じくらい子どもの成長に影響を与えます。親にとって育てにくいと感じる子，育てやすいと感じる子がいるのも事実です。とくに，親の言うことを聞こうとしない，何度注意しても同じ失敗をくり返す，という場合は叱られて育っている子どもが少なくありません。今のうちに何とかしておかなければと焦ってしまうと，しつけのつもりがつい感情的になり叱ってしまうものです。しかし，子どもの側に「できない理由がある」ことと，親の「伝え方が子どもに届かない」ことに大人が気づくのは，案外難しいものです。

まずはひと呼吸おいて，子どもの側のできない事情を考え，次に，子どもにわかる伝え方を工夫してみます。誘惑の多い場所で静かにするよう言われても，それは無理。たくさんのおもちゃを前にすると，どんな子でも「買って」欲しくなります。床に寝そべって大声でだだをこねるのも，おもちゃ獲得のための捨て身の手段です。それよりも，お弁当を持って自然のなかでゆっくり子どもと時間を過ごせば，叱る機会がぐんと減ります。一度にたくさんのことばを投げかけている場合は，短くわかりやすいことばを選びます。

こんなふうに，子どもの特性を見極め，発達の様子から「子どもの困った行動」の原因を探ると，お母さんお父さんの子どもとの関係はもっと楽しいものになります。

2. 子どものこころのSOS

さて，子どもの体の発育や発達が順調であれば，お母さんお父さんは自分の子育てで大丈夫とほっとし，わが子の成長を喜びます。あれもさせたい，これもさせたいと，次々と夢を抱き，欲がでてしまうのも納得できます。ただし，子どもにもこころがあります。ありのままを受け止めてもらえない，理解されない，過剰な期待を抱かれる，合わない環境を与えられると，子どもは必ずSOSのサインを出します。このサインですが，幼ければ幼いほどこころとからだの発達が未分化なために，からだの症状や行動上の問題として表現されます（表3-2-5）。震災を経験した幼い子どもたちにも，ストレスによってさまざまな心身症状が現れたことが報告されています（表3-2-6）。

また，大きくなって小学校高学年にもなると，情緒不安定，行動の問題（不登校や破壊的な行動），**神経症**（うつ状態）などといった，大人と同じような症状をあらわします。情緒不安定の様子としては，気分の浮き沈みが激しい，焦燥感，過敏性，反発，融通のなさ，意欲の低下，自信の喪失，**自尊心の低下**，などが挙げられます。親にとっては，勉強せずに好きなことしかしない反抗的な子どもと見えていても，実は何をやってもうまくいかず自信を失い焦りを感じているデリケートな青年であることが，少なくありません。

表 3-2-5　子どもの心身症状

```
食欲不振・食べ過ぎ
便秘・下痢
夜尿
一人でトイレに行けない
一人で寝られない
夜泣き
暗がりを怖がる
いつも親といたがる
小さな物音に驚く
怒ったり興奮しやすい
いらいらする
集中力の低下
指しゃぶり，爪かみ
チック，吃音
皮ふ・目のかゆみ
たよりすぎる
我慢しすぎる
```

表 3-2-6　震災後の子どもにみられた急性症状

```
感情鈍磨
何もやる気がおこらない
感情的に高揚する
災害に関連するものを避ける
災害遊び，悪夢などで思い起こし不安になる
過度の覚醒（不眠，おびえ，落ち着きのなさ，いらいら）
赤ちゃん返り（退行）
登校しぶり，後追い（分離不安）
```

3. 子どもの発達の遅れとアンバランス

　子どもの発育・発達は，先にお話しした乳幼児健診やかかりつけの小児科医などで，専門的に診ていきます。子どもには，それぞれもって生まれた発達の特性があり，得意なこともあれば，苦手なこともあります。なかには，多くの子どもたちよりも発達がゆっくりである子ども，得意なことと苦手なことの凸凹がとても大きい子どももいます。その原因には，生まれつきその子のもっている特性や病気である場合，生まれるときあるいは生まれてからかかった病気や事故によって，不自由が生じる場合もあります。生まれつきの場合は，染色体の異常など，はっきり原因のわかるものと，今の医学ではわからないものとがあります。

4. 子どもの障害

　日常生活や学校生活を送るうえで，適切な理解や支援を必要とする場合，「障害がある」と表現します。障害には，いろいろなものがあります。たとえば，上手に歩けない（**運動発達遅滞**），動きがぎこちなく手先が不器用である（**協調性運動障害**），目が見えにくい（**視覚障害**），耳が聞こえにくい（**聴覚障害**），ことばが上手に話せない（**知的障害**），友だちをつくれない（**自閉症スペクトラム障害**），じっとしていないといけない場面で動き回る（**注意欠陥多動性障害 ADHD**），などです。うまくできない事情を理解され，適切なサポートを受けることは，障害があろうとなかろうと子どもに接するときの基本姿勢となります。ただ，障害がある場合には，より専門的な知識や技術を必要とするのだと考えればよいでしょう。

　たとえば，上手に歩けない子どもには，理学療法士による訓練をしたり，車いすや装具を使えるように練習します。視覚に障害のある子どもには，点字を教えることが必要ですし，聴覚に障害があれば口話や手話を教え，補聴器を使ったり，人工内耳の手術をすることもあります。ことばがうまく話せない子どもには，言語聴覚士によることばの訓練をし，友だちのつくれない子どもには少人数でソーシャルスキルトレーニングを行います。ことばでコミュニケーションをとりにくければ，絵カードを使う練習をします。教室で

じっとしていられずうっかりミスや忘れ物が多い子どもは，薬をのむこともありますが，教室をきれいに整理して不要な刺激を減らすだけでも注意力向上に一定の効果があります。

8 発達の課題がみつかったら

1. どこでみつけられるか

子どもの発達の課題は，どこでだれによって発見されるのでしょうか。これには，保健所・保健センターの乳幼児健診，病院，両親や家族，知人・友人，保育所の保育士，幼稚園の先生，学校の先生，教育相談担当者，児童館職員など，いろいろな場合があります。

乳幼児健診の場合は，1歳までに運動の遅れ，1歳6か月～3歳児健診で知的な遅れ，3～5歳までに注意力の問題や多動・衝動性，友だちのつくりにくさなどを保健師や小児科医が見つけて，子どもに必要なサポートに関する助言をします（図3-2-10）。

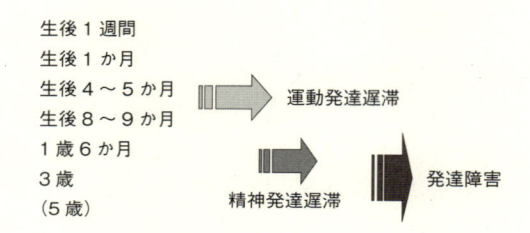

```
生後1週間
生後1か月
生後4～5か月     → 運動発達遅滞
生後8～9か月
1歳6か月
3歳           → 精神発達遅滞 → 発達障害
（5歳）
```

図3-2-10 乳幼児健診と発達の課題

2. お母さんお父さんに伝える

お母さんお父さんが，何だか心配だなあ，どうして他の子どもと同じようにできないのだろう，と焦ったり不安になるのは当然のことです。家族に相談したり，病院や保健所など，きっといろいろなところに相談に行かれるでしょう。子どもの発達の問題がはっきりとわかったら，両親にそのことが伝えられます。そのときに，親のこころは「ショック」⇒「否認」⇒「悲しみと怒り」⇒「適応」⇒「再起」と大きくゆれ動きます。

発達の遅れがあろうとなかろうと，子どもは日々変化を遂げ，成長し発達します。上手に代替手段を活用できる，あるいは適切なサポートを受けられることで，不自由な状況が改善されていき，自分のペースで目標が達成できていくでしょう。しかし，年齢が高くなるとそれだけ求められる課題も難しくなるので，同年齢の子どもたちといつも比較されていると，自信がつきません。

そんな子どもたちにとって大切なのは，親がありのままの自分を受け止めて理解し愛してくれること，上手なしつけや適切な対応をし，子どもに合った教育をととのえ成長を喜んでくれることだと思います。そうすれば，子どもたちは自分の力を精いっぱい出して達成感を味わい，必要な支援を受けつつ充実した生活をおくる大人に成長します。親と子がともに生きる時間を喜び分かちあえ，子どもたちが，「いろいろあるけど人生は捨てがたい」と感じてくれるとすばらしいですね。

3. その後の対応

　子どもたちは，病院で治療したり，訓練を受けることもありますが，日常生活は家族とふつうに過ごします。お母さんに叱られたり（頑張っても到底不可能なことをしないからと叱られることはないでしょうが，頑張ればできることをしないと叱られるかな），きょうだいげんかをしたり，障害があろうとなかろうと同じように育てられます。保育所や幼稚園に通いますが，それぞれの発達の特徴に合わせた「**療育**(りょういく)」とよばれる教室にも行って遊んだり勉強したりします。また，どれくらい発達しているかをみるのに，児童相談所や専門の診療所でみてもらいます。福祉制度を受けるために福祉事務所で手続きをすることもあります。それから，小学校に入学です。小学校は，普通学校の通常学級，**特別支援学級**，**特別支援学校**など，子どもの障害の特性に合わせて選びます（図3-2-11）。

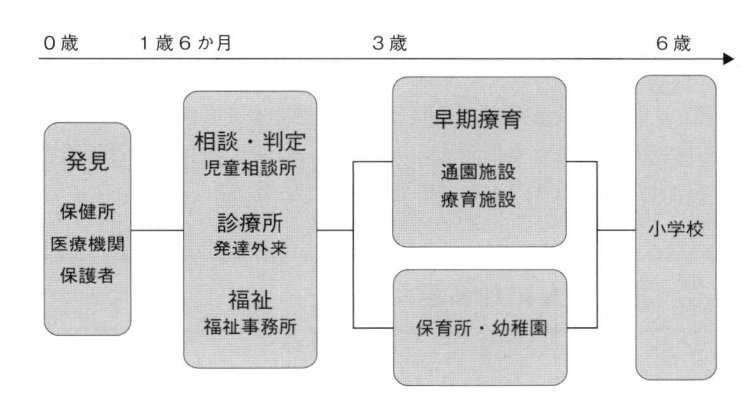

図3-2-11　障害のある子どもの発見と対応

4. 子どもからSOSのサインが出されたら

　'子どもが育てにくい'とお母さんから悩みを打ち明けられる，あるいは幼稚園・保育所，学校の先生から'うまく授業についてきてくれない'と相談されることがあります。すでに，子どもの発達や障害についてすでに病院で診断を受け，きちんと対応を受けている場合は安心ですが，学校にあがってから発見されることもよくあります。子どものみせるサインには，次のようなものがあります。たとえば，家では，宿題をしようとしない，何度注意してもいうことをきかない，きょうだいげんかがひどい，ゲームの時間を決めても守らない，近所のお友だちと遊べない，風がわりなことに夢中である，などです。また，学校では，友だちがおらずひとりで過ごしている，友だちとのトラブルが多い，授業についていけずやる気がないようだ，などで，いじめや不登校という問題に発展することもあります。

　学校にあがってから発見されることの多いのが，**発達障害**とよばれるものです。これは，学習障害（LD），注意欠陥多動性障害（ADHD），アスペルガー症候群・高機能自閉症といった発達の偏りを示す疾患の総称です。いわゆる発達の遅れがなく，逆に知的な能力がとても高い人たちも少なくないので，ルールのある集団生活を送るまではなかなかみつけられることはありません。大人になってから，自分でこの障害ではないかと病院を訪れる人もいます。文部科学省の行った調査の結果，100人の子どもがいれば6〜7人がこの特性をもっているとわかったので，身近な友だち，あるいは家族，もしかすると私たち自

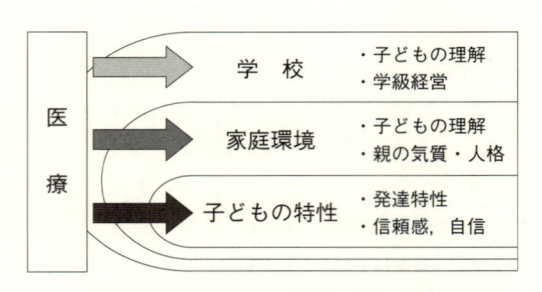

図 3-2-12　子どもの見立てと環境調整

身にもこの特性があるかもしれません。ユニークな発想の持ち主や，論理的思考を得意とする人など，さまざまな強みを活かして社会的に成功を収めている人も多く，障害とよぶかどうか，悩ましいところです。

　周囲の身近な大人が子どものサインを読み取り，対応が必要であると気づいたら，子どもの特性をチェックし，学校と家庭の理解と環境調整をする必要があります。現在は，発達を専門にみる診療所や，教育委員会で作られたチームで，小児科医や児童精神科医もスタッフとして参加し，アドバイスを行っています（図 3-2-12）。

9　未来のお父さん，お母さんになる君たちへ

　子どもは社会の宝です。強い子もいれば弱い子もいます。積極的な子もいれば引っ込み思案な子もいます。健康で元気に学校に通う子ばかりでなく，病気になり病院に入院することもあります。障害がない子もある子もいます。全部あわせて子どもです。一人ひとりユニークな存在であり，だれひとり同じ人はいません。お互いの違いを知り，認め合うことを学ぶのが，家庭であり学校です。追い風を受け，順調に人生すすめるばかりとは限りません。逆風で転覆して海に投げ出されることもあるでしょう。そんなときも，あなた方を理解してくれる身近な大人に相談し，自分を大切にしてください。そして，あなたの周りの助けを必要としている人にもこころを向けてください。

　あなたたちが将来お父さん，お母さんになったら，子どもたちが困ったときに頼れる存在になってください。責任重大ではありますが，子どもと一緒に悩み，親の自分も変わるつもりでいれば，親子の絆はいっそう強くなります。

　最後に，ある女の子が書いた作文を紹介します。主人公の'あーたん'が彼女自身，ハリネズミ王国は，家族です。彼女は，小学生になり自分に苦手なことがあると知り，不安に思いますが，それを家族で支えられて強くたくましく育っていく様子がよくわかります。苦手なことに対しても，その理由を知り，家族や学校の先生に見守られながら挑戦していく彼女の姿に，大人も勇気づけられます。彼女は，現在中学生。学校生活をエンジョイしています。

あーたんとアスペちゃん

　あるところにハリネズミ王国がありました。そこには，ハリネズミの家族がありました。おとうさんと，おかあさんは，けっこんして，こどもが産まれました。おねえさんのゆーたん，そして産まれたばかりの妹ネズミあーたんです。とてもかわいい赤ちゃんだったので，みんなからかわいがられました。ところが，あーたんは小さいときからぜんぜんお話をしません。ひろたん（おとうさん）とひたん（おかあさん）のお手てをつなごうとはしませんでした。おかあさんはかなしみました。「どうしてうちの子だけこう，手もつながないし，いっしょにあるかないんだろう？」思っていました。ある日，おかあさんは，あーたんを病院で検査をしてもらいました。すると先生は，アスペルガーしょうこうぐんとにんめいされて，おかあさんはないてないてとてもかなしみました。そのときから，アスペルガーの本や，お話会といろいろしらべました。それからあーたんをしょうがいあつかいせずふつうにそだてました。

　それからあーたんは大きくなりました。小学校にかよっています。あーたんは友達があまりできなくてかなしみました。友達ができるアドバイスをゆーたんがおしえてくれたので，すこしは友達ができましたが，お話はあまりじょうずじゃありませんでした。そして，あーたんは，なぜかなあというものが３つありました。１つ目はなぜことば（の教室）に行ってるんだろう。２つ目はなぜみんなとちがうんだろう。３つ目なぜひとりぼっちになるんだろう。

　またすうねん後のある日，自分がアスペルガーとしってかなしみました。でも，おかあさんやゆたんがはげましてくれたので，少しはらくになりました。そして，アスペルガーのことを「アスペちゃん」と名前を作りました。それから友達をつくろうとがんばってどりょくしました。そして，あーたんはほんとうの自分を知って，ちょっとうれしかったです。

　それから，友達の神が来たのでしょうか。友達が増えたのでした。あーたんはとてもうれしかったです。それから，あーたんは，つらいときやかなしいときがあって，がんばってのりこえることができました。おしまい。

文　献
BABY&PARENTING INFORMATION 赤ちゃん＆子育てインフォ　2011　母子衛生研究会
長谷川功（編著）　2003　新生児フォローアップガイド　診断と治療社
国立感染症研究所　感染症情報センター　2004　http://idsc.nih.go.jp/disease.html
小谷裕実　2009　発達障害児のための実践ソーシャルスキルトレーニング　人文書院
京都大学大学院生命科学研究科生命文化学研究室ヒトゲノムマップ制作チーム　2006　一家に１枚ヒトゲノムマップ（web版）　http://www.lif.kyoto-u.ac.jp/genomemap/
文部科学省　2011　麻しん予防接種勧奨リーフレット
　　http://www.mext.go.jp/a_menu/kenko/hoken/08032517.htmtop
杉本健郎ら（編著）　2006　障害医学への招待　クリエイツかもがわ
山口真美　2005　視覚世界の謎に迫る　脳と視覚の実験心理学　講談社

3 支援を必要とする子どもと特別支援教育

1　はじめに

　「特別支援学校の先生や，『障害』をもつ子どもたちの先生になりたいのですが……」という質問を受けることが多くなってきました。学生のみなさんも，小中学校での交流・共同教育や，いろいろなところで「障害」をもつ人と出会う機会が増え，特別支援教育（支援を必要とする子たちの教育）に関心をもっておられるからだと思います。

　しかしながら，支援の必要な子どもたちへの教育は，多くの人が努力をしているにもかかわらず，いまだに多くの困難を抱えているのが現状です。特別支援学校の先生になりたいという動機は人それぞれだと思います。先生になろうという最初の純粋な思いを大切にもち続けることが，この教育を担う人には最も必要なことかもしれません。

　もう一つ，この教育の難しいのは，たとえば小学校の先生になろうとすると自分が受けた小学校教育をモデルにして，今度は自分が先生になって子どもたちを教えていくことにあります。しかしながら，この特別支援教育は，私たち自身が受けていません。特別支援教育の授業をしようと思っても，モデルにするべき教育がわからないことです。そこで，この特別支援教育の理念や具体的な指導方法を，特別支援教育の実践を行ってきた人や，この教育に長年取り組んでおられる指導者から手ほどきしてもらう必要があります。**通常学級**の教育のように教科書があって，**学習指導要領**や細かな**教育課程**といったマニュアルがあるわけではありません。私自身も，大学を出てからすぐに**重度重複障害児**の**訪問教育**に携わりましたが，先輩の先生方が手取り足取りていねいに指導方法を教えてくれるわけではありません。先輩の授業風景を見て「こんなふうにするんだ」と授業のやり方を「盗む」ことが求められました。まさに授業のやり方を一つの芸とすると，「芸は盗め」と同じだといえます。**特別支援教育を受けている子どもたちは，ひとりひとりみな違います**。先輩の先生が実践している教育内容や方法が，私の担当している子どもにそのままはあてはまるわけではありません。そこで，私は自分の担当している子どもの身体状況や精神発達にあわせて，先輩の実践している授業の内容ややり方を作りかえていく必要があります。逆に，先輩の先生たちも私が担当している子どものことを理解しているわけではありません。アドバイスはあっても，それを実際に自分の担当する子どもに有効かどうかは，担任である私の判断にゆだねられています。授業を行うことはそれだけ責任も重いのですが，子どもの喜ぶ姿を見ることは，それだけやりがいのある仕事だといえます。

　支援の必要な子どもたちの先生になるには，どのような知識や技能，そしてどのよう

な思いが必要なのかを皆さんと一緒に考えていきたいと思います。

2 特別支援学校の先生になりたい

1. 特別支援学校教諭免許状とは

　特別支援学校の先生になるには，**特別支援学校教諭免許状**が必要です。その特別支援学校教諭免許状を取るためには，大学で特別支援学校教諭免許取得のための教職課程の勉強をしなければなりません。

　特別支援学校教諭免許を取得するためには，基礎免許として幼小中高等学校の普通免許を所持していないと，特別支援学校教諭の免許状を取得することができません。つまり，通常学校の教員免許状と，特別支援学校の教員免許状の2つが必要になります。

　また，法律が改正される前は，盲学校教諭免許，聾学校教諭免許，養護学校教諭免許と3つに分かれていましたが，法律の改正で盲学校，聾学校，養護学校をすべて特別支援学校という名称にして制度に改めたことから，特別支援学校教諭免許と一本化されました。ただし，特別支援学校教諭免許は障害種別による領域が決まっています。たとえば従来の養護学校教諭免許は，**知的障害児，肢体不自由児，病弱児**の領域の特別支援学校での指導が可能な教員免許，盲学校教諭免許は特別支援学校教諭視覚障害領域免許，聾学校教諭免許は聴覚障害領域の免許といったように，特別支援学校教諭の免許状に担当できる領域が示されることになりました。

　特別支援学校教諭免許状を持っているメリットは，もちろん特別支援教育の専門性を持っている先生ということになります。その専門性があることから，特別支援学校では幼稚部から小学部・中学部・高等部のどの学部でも教えることが可能です。一方で，たとえば小学校教諭の免許状しかもっていない先生は，特別支援学校の小学部しか担当できないとされています。その意味でも，特別支援学校全体を担当できる特別支援学校教諭免許状は意味のある重要な免許状だといえます。

　特別支援学校の先生になるには，「特別支援学校教諭免許状」が必要であることを述べました。しかしながら，2007年の文部科学省の調査では，特別支援学校の先生で，この特別支援学校教諭免許状をもっている先生は67％しかいません。文部科学省としては，特別支援学校の先生は皆，特別支援学校教諭免許状を取得して欲しいのですが，特別支援学校教諭免許状を取得する先生の養成が追いついていないのが現状です。本来，たとえば小学校の先生になるには小学校の教員免許状が，中学校では中学校の担当教科の教員免許状が必要なのですが，特別支援学校に限っては免許状をもつ先生が少ないことから，教育職員免許法附則16の規定によって，「『当分の間』は特別支援学校教諭の免許状が無くても特別支援学校の教員となることが出来る」ことになっています。しかし，この規定は特別支援学校教諭免許状の必要性を重要視していないとして，「当分の間」がいつまでなのかを明確にすることが求められています。

　このことは，特別支援学校教諭免許がなくてもいいということではありません。保護者は，特別支援学校の先生には専門性を求めますし，とくに重度重複児が増え，障害が多様化している現状においては，特別支援教育に関する専門的な知識や技能をもった先生が求められていることは言うまでもありません。先生自身も，専門的な知識なしで特別支援教育に携わることは不安を引きずることになります。特別支援教育に関わろうとするための

基本中の基本が特別支援学校教諭免許状ということになります。

2. 特別支援学校教諭免許状を取得するための勉強

特別支援学校教諭免許状を取得するためには，どのような勉強を大学の教員養成課程でするのでしょうか。大きく分けて，3つの分野と教育実習になります。3つの分野は，
(1) 特別支援教育の基礎理論
(2) 特別支援教育領域に関する科目
(3) 免許状に定められることとなる特別支援教育領域以外の領域に関する科目
となります。

基礎理論では，特別支援教育の概要や歴史を学びます。領域に関する科目では，たとえば花園大学では，知的障害児領域，肢体不自由領域，病弱児領域の3つの領域を担当できる特別支援学校教諭免許状を出していますので，その領域に関する科目の勉強をします。また，知的障害児に関する科目では，「知的障害児の心理」「知的障害児の病理」「知的障害児教育」「特別支援教育指導法」などがこの科目に相当します。

そして，免許状に記載されている領域以外の科目の勉強もする必要があります。特別支援学校では知的障害，肢体不自由，**視覚障害**や**聴覚障害**といった障害種にかかわらず受け入れて指導をすることが原則となります。そこで，花園大学では「視覚障害総論」と「聴覚障害総論」の講義を設定しています。また，特別支援学校の先生は，地域の学校に在籍する発達障害等の子どもたちの支援をすることも求められていることから，LD等の障害をもつ子どもたちの特性と指導について学ぶことが，免許取得課程に組み込まれています。一方で，特別支援学校においては，多様化する重度重複障害児の授業も担当できる教員も求められています。そこで，発達障害児と重度重複障害児の教育について学ぶ「重複LD等教育総論」という授業を設定しています。

そして，最後の仕上げとしての「教育実習の研究」という講義で指導案の書き方や先生になることの心構えを学んでから，実際の**教育実習**に向かうことになります。教育実習に行く前には，自分の担当する科目の教材研究をしっかり行い，実際に行う授業の準備をしておくことが必要です。このような勉強を経て，晴れて特別支援学校教諭免許状が授与されます。

ただし，これで特別支援学校の先生になれるわけではありません。特別支援学校は，そのほとんどが都道府県立であり，自分の働きたい都道府県の教員採用試験に合格することが必要です。本人の「特別支援学校の先生になりたい」という強い思いがあってこそ，念願かなって特別支援学校の先生になれるといえます。大学の教員も学生の採用試験の勉強のお手伝いをしますが，採用試験は本人の努力次第ともいえます。しっかりと講義を受けて勉強をして欲しいと思います。

3. 特別支援学校の先生になるためには何を大切にするのか

私が特別支援学校の先生になろうとして大学で障害児教育の勉強をしていたとき，大学の先生に，「『障害』と関わることは『理屈』ではなく『慣れ』です」と言われたことが忘れられません。学生時代に，「障害をもつ」「支援が必要」といわれる児童生徒にできる限り直接関わって欲しいと思います。そこで，大学では，京都市教育委員会と提携した「学校学生ボランティア制度」や，京都府の特別支援学校が行っている，**学生ボランティア**に積極的に参加することをすすめています。また，特別支援学校の放課後支援としての学童

保育を学生が保護者と協力して自主的に行ったり，障害児と遊んだり外出をすることを学生がサークル活動として行ったりしています。

　学生時代の感性が豊かなときに，支援が必要といわれる子どもたちと直接関わることは，その子たちと関わる感性を育てていくことになります。この「支援の必要な子と関わる感性」は，大学の講義のなかで理屈として教えることのできないことです。学生本人が自分の体験のなかで身につけていくことであり，この子どもと関わる「感性」が先生となったときに大きく物を言うようになります。また，この感性は，学生自身の「勉強ができる，できない」とはまったく違うものです。子どもたちのトイレや食事の介助をすることは，理屈ではありません。支援の必要な子に自分がどう向き合って，どのように関わろうとしているのかという，目に見える数字で表すことのできない感性を自ら育てていくことが大切になるということです。

　特別支援教育に関わるなかでは，いろいろなことが起こります。「もう，この教育をやめようか」と思うこともあるでしょう。そのときに，自分自身が特別支援教育に関わろうとした初心を思い出すことも大切です。そして同時に問われるのが，「支援を必要としている子どもたちが好きか」ということであり，その時大事なのが「子どもたちと一緒にいたい」という自然な思いなのです。そういった思いを育てることは，大学の講義では限界があります。自分自身がボランティアなどを通じて，子どもたちと一緒にいることが自分にとって自然な行いだと思えることが，特別支援教育に携わろうとする人の最も大切な原点かもしれません。学生時代にいろいろな機会を通じて，支援の必要な子どもたちに直接関わって欲しいと思います。

3　「特殊教育」から「特別支援教育」への移行

　次に，従来は特殊教育と言われ，今は特別支援教育と言われるようになった経過について，要点をお話ししておきたいと思います。特別支援教育は，ある日突然「特別支援教育」になったわけではありません。特別支援教育に移行していく歴史的経過を知っておくことも，これからの特別支援教育の方向性を考える上でも大切なことだといえます。

1. 欧米の特別支援教育への移行の経過

　1950年代に北欧やデンマークにおいて，障害者を障害とともに受容して一般の人と同じノーマルな生活条件を提供する，ノーマライゼーションの考えが押し進められるようになりました。それは，障害者個人のニーズにあわせた援助を行い，教育においても他の市民同様の権利を提供するものです。その後，ノーマライゼーションの理念を実践する，インテグレーション（統合）の考え方が生まれ，障害者をできるだけ普通の場で生活や活動ができるように，障害者を別の場におくのではなく可能な限りともに生きる社会をめざそうとする考え方が主流になっていきました。教育の世界においても同様で，1982年の国連行動計画のなかには「障害者の教育は，できる限り一般の教育制度の中で」と記されました。

　このような時期にイギリスでは，今後の特別支援教育についての勧告が示されています。それは，教育支援を必要とする子どもひとりひとりに応じた教育としての「**特別な教育的ニーズ**」という考えです。それは，従来の特殊教育として行われていた「障害の概念」から教育を考えるのではなく，子どもの持つ特性と教育環境の相互作用を基礎に，ひとり

ひとりの子どもの「ニーズ（必要性）」から出発する教育に再構築しようとする教育理念です（真城，2010）。

そして，1994年にスペインのサラマンカで行われた「特別ニーズ教育に関する世界会議」において，「ニーズを必要とするすべて子どもたちの教育を保障する」という内容の「サラマンカ宣言」が出されました。その宣言の中に「一人一人に応じた教育」や「あらゆる子どもを受け入れる**インクルーシブ教育（包括教育）を目指す**」ことが書かれています。その「一人一人に応じた教育」としての特別なニーズ教育を具体的な教育実践の中で活かしていこうとすることから，ひとりひとりの教育計画といえる「個別の指導計画」が考えられ実践されるようになってきました。日本の中央教育審議会の答申（文部科学省，2005）においても**サラマンカ宣言**が取り上げられ，日本における特殊教育から特別支援教育への方針転換につながっていきます。

2. 日本の障害児教育の歴史

日本の特別支援教育においても，先人たちの積み上げの上に特別支援教育が成り立っています。福沢諭吉がアメリカの視察から帰って，その著書「西洋事情（1866）」中で知的障害児教育について触れています。日本の教育は，1872年の学制によって義務教育が施行されますが，その後の改正教育令（1880年）では，障害児の不就学に関する規定もでき，日本の特別支援教育の歴史は，障害児を教育の場から排除するという負の教育の歴史という側面も持つようになります。そのなかで，一部の篤志家たちが盲学校や聾（ろう）学校を作り，障害児の教育を始めていきます。第二次大戦前に，大阪や長野など，一部の小学校に知的障害児学級が設置され，少しずつ知的障害児の教育が行われるようになってきました。

第二次大戦後の新学制の施行（1948年）に伴い，盲教育とろう教育は義務教育制になりますが，知的障害児や肢体不自由児は，この時点においても就学猶予免除の名の下に教育から除外されてきました。

そのなかで，近藤益雄が，1953年に長崎で「のぎく寮」を作り，知的障害児とともに暮らしながら障害児教育を進めてきました（近藤他，1986）。滋賀県では糸賀一雄が「この子らを世の光に」と訴え，池田太郎や田村一二らと協力して1946年に近江学園を作り，発達保障として知的障害児の教育と権利を守る教育実践を行い，障害児教育の発展に尽力をされてきました（糸賀，1980）。その後，滋賀県においては，西日本で最初の重症心身障害児の施設「びわ湖学園」が1963年に設立されることになります。

特別支援教育の大きな転機は，1979年の養護学校義務化です。「すべての子に学籍を」というスローガンのもと，重い障害をもつ児童や保護者の長い間の願いがやっとかなったといえます。養護学校義務化のなかで課題となったのが，重症心身障害を抱え，在宅や施設や病院で過ごしている子どもたちの教育保障でした。そういった子どもたちにも，「訪問教育」という先生が子どもの家におもむいて学校教育を行う制度が実施され，就学猶予免除の子を作らないという日本の教育にとっては画期的な方向転換となりました。私は，この訪問教育を1979年の義務化の年から12年間担当してきました。訪問教育によって私も特別支援教育の勉強をしてきたと言え，**重症児教育**は教育の原点であると思っています。

このような歴史的経過のなかで，日本においても従来の「障害児教育」が，「特別支援教育」へと移行していったといえます。現在の特別支援教育の制度や理念が，簡単に生まれてきたわけではありません。当時の困難な社会情勢のなかで，障害児教育の必要性を訴

え，実績を積み上げられた人たちの努力と苦労は並大抵のことではなかったと思います。歴史的経過を知ることは，特別支援教育がどのような経過で生まれ，現在がどのような状況にあり，今後私たちがめざすべき特別支援教育がどのようなものであるのかを示唆していると言えます。

3.「障害」観の進展―ICIDH（国際障害分類）から ICF（国際生活機能分類）へ―

欧米における障害観の変遷も特別支援教育の理念を下支えする上で重要な問題です。

図 3-3-1 は，1980 年に WHO（世界保健機構）から示された障害の分類モデルです。これは,「障害」というものを階層に分類して考えようとした障害のモデル図です。はじめは病気が原因となり，その病気が元で身体機能が動かなくなり，それによってその人の能力が発揮できなくなり，能力が発揮できないことで社会での活動もできなくなる，と言う心身の状況の流れに合わせて障害の説明をしています。

たとえば，ある人が脳梗塞で倒れたとします。それは病気として疾患・変調となり，医師にとっての障害の概念は病気や疾患ということになります。次に，脳梗塞が原因で，腕や手が動かなくなると，機能・形態障害となります。ここでの障害は，リハビリテーションの担当になります。次に，腕が動かなくなることで字が書けなくなります。これが，能力障害です。学校の先生等が考える障害の多くは，この能力障害としての領域だといえます。その字が書けないことで就職ができないことにより，社会生活が営めないことがハンディキャップという社会的不利という状況を生み出すと考えられます。こういった障害観は，その障害に関わる立場や考え方によって「障害」の捉え方が違うといえます。

入学前の保護者と話しをしていると「うちの子は病気なんです。病気が治れば，みんなと一緒に勉強できるんです」と言われたお母さんがいました。その方にとっての子どもの障害は「病気」という捉え方なのだと思いました。また,「うちの子は，みんなと一緒にいることで，障害は改善します。それで通常学級を希望したいのですが」と言われた保護者の方もおられました。この保護者にとっての「障害」の捉え方は，社会的不利という視点なのだと思います。そういった思いのなかで学校にとっての「障害」は,「能力障害」という視点になると考えられ，その視点の違いで，保護者と学校の思いがすれ違いを起こしてしまうこともあると言えます。それぞれの立場によって「障害」の捉え方が違うことを知っておく上で，WHO の「障害構造モデル」を理解しておくことは悪いことではないと思います。

しかしながら，この「障害構造モデル」には重大な弱点があり，ICF（国際生活機能分類）へと改訂されていきます。その弱点とは,「社会的不利をもたらす原因はなんだ」と逆にたどっていくと，その人の障害は病気や変調が原因だという，個人の問題になってしまうということです。「障害は社会が作る」と言われ，支援の大切さが言われている時代にそぐわない「障害」の概念ということで，ICF の考え方に変わりました。

その ICF の模式図が図 3-3-2 になります。いろいろな見方がありますが，大切なのは中央にある「活動」や「心身機能」で，たとえば「映画を見たい」,「選挙に行く等の社会参加を支えるにどうしたらいいか」などを考えることから「障害」というものを考えていこ

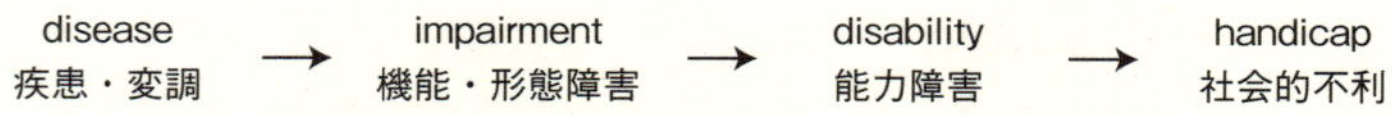
disease
疾患・変調
impairment
機能・形態障害
disability
能力障害
handicap
社会的不利

図 3-3-1　ICIDH：WHO 国際障害分類（1980）の障害構造モデル

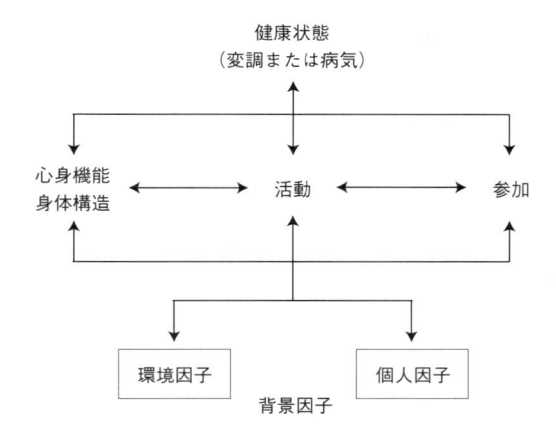

図 3-3-2　国際生活機能分類　生物・心理・社会モデル（統合モデル）（WHO, 2001）

うとするものです。活動を支えるためには、その人の環境因子として、たとえば地域資源として活用できる物は何があるのか、その人の個人因子として社会参加に対してどのような思いをもっているのかといった背景が挙げられます。そして、その人自身の健康状態をも合わせて考えるなかで、「障害」をその人個人に付随したものとして背負わせるのではなく、社会全体の課題として考えていこうとする模式図です。

　今までのように、障害がその人個人に付随したものではなく、支援のありかたによって障害の実情も変わってくるといえます。その人にとって、どのような支援のニーズがあるのかを考えることが大切になってきます。

4　支援を必要とする子どもたち

1. 支援を必要とする子どもたちとは

　支援を必要とする子どもたちには、どのような子どもたちがいるのでしょうか。前述したように、サラマンカ宣言では、あらゆるニーズのある子どもたちへの支援を訴えています。たとえば、貧困家庭の児童や移民など、マイノリティと言われるいわゆる社会的弱者すべての子どもたちを支援の対象としています。それが、日本の特別支援教育においては、いわゆる「障害児」に対象が絞られており、ユネスコの目指す「特別なニーズ教育」におけるあらゆる支援を必要とする児童とは、対象にしている子どもたちが異なることに注意する必要があります。

　そのようなことをふまえて、日本における特別支援教育の対象児を法律ではどのように述べているのか見ていきたいと思います。

　学校教育法第72条によれば、特別支援学校は、視覚障害者、聴覚障害者、知的障害者、肢体不自由者又は病弱者（身体虚弱者を含む）を対象としています。また、第81条の特別支援学級における設置可能な障害種別としては、知的障害者、肢体不自由者、身体虚弱者、弱視者、難聴者、その他障害のある者で**特別支援学級**において教育を行うことが適当な者となっています。また、2006年に改正された学校教育法施行規則による通級指導の対象者になる障害としては、言語障害者、自閉症者、情緒障害者（選択性かん黙者等）、弱視者、難聴者、学習障害者、注意欠陥多動性障害者、その他の心身に故障のある者で本項の

規定により特別の教育課程に教育を行うことが適当な者，とあります。
これらの規定をまとめると，大きく分けて次の11の障害が考えられます。
・弱視者を含む視覚障害者
・難聴者を含む聴覚障害者
・知的な遅れがある知的障害者
・身体に障害がある肢体不自由者
・身体虚弱を含む病弱者
・ことばを発することに困難をもつ言語障害者
・対人関係やことば等に苦手さをもつ自閉症者
・選択性かん黙（場面かん黙）などの情緒障害者
・学習障害者と注意欠陥多動性障害者および高機能自閉症者といわれる発達障害者
・様々な障害を合わせもつ重度重複障害者
・そしてその他の心身の故障のあるもの
以上のような「障害」をもつ児童が，日本の特別支援教育の対象児者といえます。

2.「知的障害」という問題について

さまざまな「障害」種別を挙げましたが，いったい「障害」とは何だろうと思うことがあります。ここでは，「知的障害」を取り上げて考えてみたいと思います。

知的障害とは何かという問いは簡単なようで難しい問題です。現に日本の法律では「知的障害」についての定義はありません。「知的障害」という用語は，文部科学省の研究会における提言や，学校教育法施行規則における就学基準の規定（表3-3-1）や，アメリカ精神遅滞学会の定義等を参考にして考えていくことになります。

心理学的側面から知的発達の状況として「知的障害」の概念を考えていくこともあります。図3-3-3は，知能検査の得点における人数の分布を表したグラフです。

図3-3-3においては，標準得点が100のところが平均値になります。85～115ポイント

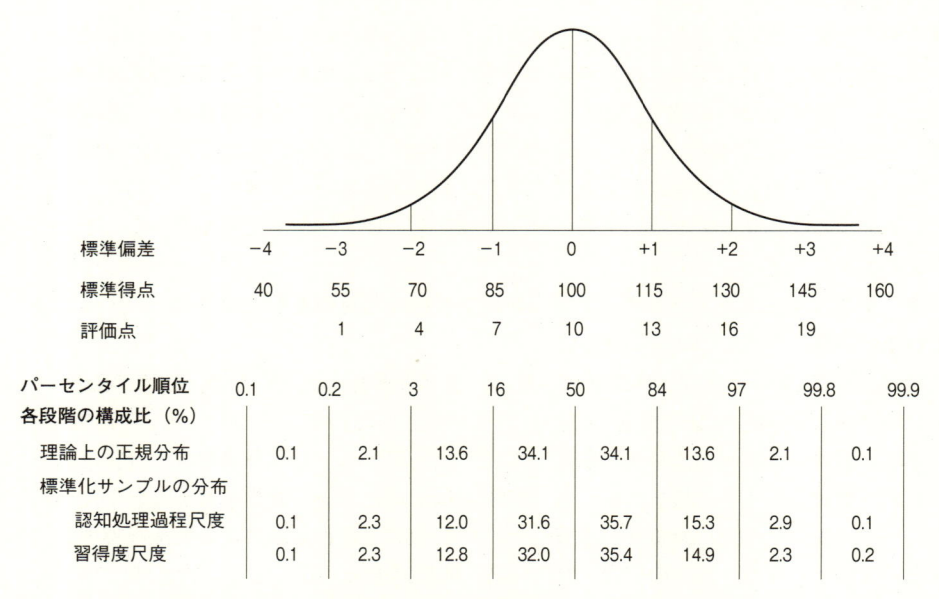

標準偏差	-4	-3	-2	-1	0	+1	+2	+3	+4
標準得点	40	55	70	85	100	115	130	145	160
評価点		1	4	7	10	13	16	19	
パーセンタイル順位	0.1	0.2	3	16	50	84	97	99.8	99.9
各段階の構成比（％）									
理論上の正規分布		0.1	2.1	13.6	34.1	34.1	13.6	2.1	0.1
標準化サンプルの分布									
認知処理過程尺度		0.1	2.3	12.0	31.6	35.7	15.3	2.9	0.1
習得度尺度		0.1	2.3	12.8	32.0	35.4	14.9	2.3	0.2

図3-3-3　平均と標準偏差から見た標準化サンプルの構成比率 (Kaufman, A. S. & Kaufman, N. L., 1993)

の間の得点をとる者が標準的と言われます。そして，85〜70ポイントにある子が境界線児と言われ，70未満の得点の児童が知的障害，あるいは発達遅滞児と言われることになります。

　知能検査による統計的視点から知的障害を考えると，人間全体から考えると必ず2.2%の知的障害児が存在することになります。つまり，100人の子どものうち2〜3人は知的障害をもつことになります。しかし，このことは，人間を人類として考えると，人間界には必ず知的障害児が存在することになり，それは人類として避けて通れない当然のこととも いえます。その人類全体の宿命を，やはり人間全体で考えなくてはいけないともいえます。人間は生物である以上，背の高い人もいれば，背の低い人もいます。オリンピックに出るような元気な人もいれば，体の弱い人もいます。それと同様に，物事がすぐにわかる人もいれば，一生懸命考えてやっとわかる人もいます。そういった人たちの総和として人間全体が存在するということです。

　しかしながら，このような心理学的な考え方は知能検査を根拠にしての話であり，まったくの間違いとはいえないものの，知能検査だけで知的障害児と判断するのは短絡的だといえます。知能検査自体は絶対的なものではなく，検査で計れない知能や能力特性も，子どもには備わっているといえます。そもそも知能とは何かということ自体も問題になってきます。知的発達が遅れていても，社会適応ができているならば知的障害とは判断しない場合もあります。逆に，知能はそこそこあっても社会適応の面で課題がある子もいることも事実です。社会適応の面も含めて，知的障害があると判断していく方法もあります。いずれにせよ，知能検査は知的障害の判断基準の一つになりますが，IQが70未満だから何が何でも知的障害児であるとはいえないと考えられ，この判断について指導者は心にとめておく必要があるといえます。また，近年このような知能検査は，その子の能力や特性をつかむものとして実施され，支援を行うための資料としての重要性が増しています。

　もう一つは，前述したように，近年の「障害」観の変化から，その人個人だけの問題で知的障害と判断することにも問題があるともいえます。つまり，「障害」そのものが個人についているのではなく，社会の側にも問題があるととらえる視点です。環境要因によって，その人の「障害」が軽減されることも十分考えられます。「支援」の度合いで，その人の「障害」の程度を考えていこうとする「障害」観です。たとえば，日本の就学基準もサラマンカ宣言などによる特別なニーズ教育の影響を受けて「支援」の程度によって就学先を判断していこうとする規定に変わったことも重要な変更です（表3-3-1）。

表3-3-1　学校教育法施行令第22条の3に規定する就学規準（一部）

区分	程度（改正前）	程度（改正後）
知的障害者	1. 知的発達の程度が中程度以上のもの	1. 知的発達の遅滞があり，他人との意思疎通が困難で日常生活を営むのに頻繁に援助を必要とする程度のもの
	2. 知的発達の遅滞の程度が軽度のもののうち，社会適応性がとくに乏しいもの	2. 知的発達の程度が前号に上がる程度に達しないもののうち，社会生活への適応が著しく困難なもの

5 特別支援教育の制度と授業

1. 特別支援教育の制度

2007年の3月に文部科学省は，従来の「特殊教育」という名称を「特別支援教育」と改め，通常学級に在籍する発達障害児も，この特別支援教育の対象に含めることに方針を転換しました（図3-3-4）。この改革に伴って，それまで「盲学校・聾学校・養護学校」と呼ばれていた学校は，すべて「特別支援学校」と法律の上では名称が変わりました。実際の名称は，各都道府県や市によって違います。たとえば，京都市では，○○総合支援学校ですし，京都府では○○支援学校と呼ばれています。

従来，盲児は盲学校，聾児は聾学校，知的障害児は養護学校という枠組みでしたが，特別支援学校と名称が変わったと同時に，以前は養護学校であった学校にも，制度上は盲児が以前の養護学校に就学することも可能になりました。

特別支援教育の対象の概念図
〔義務教育段階〕

義務教育段階の全児童生徒数　1079万人

重 ← 障害の程度 → 軽

特別支援学校
視覚障害　肢体不自由　0.56%
聴覚障害　病弱・身体虚弱　（約6万人）
知的障害

小学校・中学校

特別支援学級　1.15%
視覚障害　病弱・身体虚弱　（約12万4千人）
聴覚障害　言語障害
知的障害　自閉症・情緒障害
肢体不自由

2.13%（約23万人）

通常の学級

通級による指導　※1
視覚障害　自閉症　0.42%
聴覚障害　情緒障害　（約4万5千人）
肢体不自由　学習障害（LD）
病弱・身体虚弱　注意欠陥多動性障害（ADHD）
言語障害

※2
LD・ADHD・高機能自閉症等
※3
6.3%程度の在籍率
（約68万人）

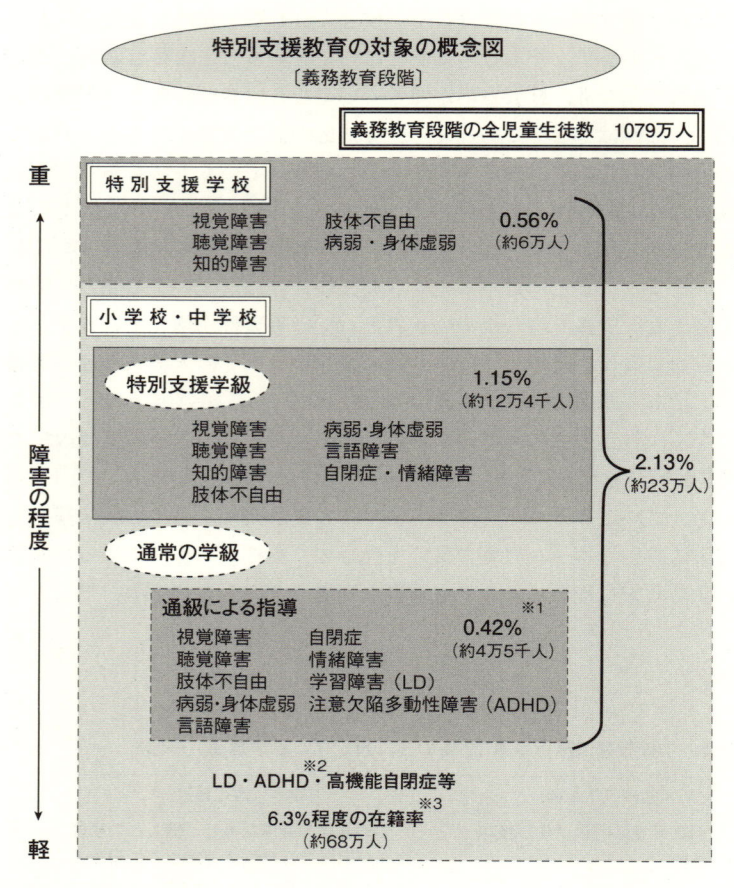

※1　2007年5月1日現在の数値
※2　LD（Learning Disabilities）：学習障害
　　ADHD（Attention-Deficit/Hyperactiyity Disorder）：注意欠陥多動障害
※3　この数値は，2002年に文部科学省が行った調査において，学級担任を含む複数の教員により判断された回答に基づくものであり，医師の診断によるものでない。

（※1及び※3を除く数値は2008年5月1日現在）

図3-3-4　特別支援教育の対象の概念図（文部科学省ホームページ，2012）

また，通常学級に在籍するLD, ADHD, **高機能自閉症児等**の**発達障害児**も，この特別支援教育の枠組みに入れて支援の対象とすることになりました。通級指導においても，2006年4月1日より施行された「学校教育施行規則の一部を改正する省令」により，これまで情緒障害者としてまとめられていた自閉症者と心因性の情緒障害者が別のものとして分類され，新たに，学習障害者，注意欠陥多動性障害者が通級の対象として加えられました。これにより通級指導による対象児は，言語障害，自閉症，情緒障害，弱視，難聴，**学習障害（LD）**，**注意欠陥多動性障害（ADHD）**，肢体不自由，病弱・身体虚弱の児童生徒となりました。

そして，前述したように特別支援学級では，知的障害者，肢体不自由者，身体虚弱者，弱視者，難聴者，その他障害のある者で，特別支援学級において教育を行うことが適当な者，これらが学校教育法第81条に述べられている設置可能な障害種別です。学級の設置に関しては，地域の教育委員会が，どのような障害種について学級を設置するかを決めており，多くは知的障害児学級ですが，その他の条項を活用して情緒障害児学級を設置している所も多数あります。

このような，特別支援教育の制度が整えられるなかで，保護者は就学する地域の学校と相談して，支援の必要な子どもの就学先を決めていくことになります。

2. 特別支援教育の方法 ―実際の授業実践について―

特別支援学校の授業を進めていくには，先生方が子どもたちにどのような授業を行うのかという教育課程を学校内で相談して決めていくことになります。教育課程については，学校教育法施行規則第126条に示されており，たとえば知的障害児の教育課程は，「生活，国語，算数，音楽，図画工作及び体育の各教科，道徳，特別活動，並びに自立活動によって教育課程を編成するものとする」と示されています。原則としてこれらの教科や道徳などの領域の授業を子どもの実態に合わせて組み合わせていくことになります。そして，学校教育法施行規則第130条には，「各教科と道徳，特別活動，自立活動の全部又は一部において，合わせて授業を行うことができる」と記されています。合わせて授業を行うことができるというのは，たとえば調理実習をするときに，そのときに子どもに育てたい力としては，レシピを読むといった国語の力や，4人前では何グラムの肉が必要かといった計算を必要とする算数の教科も，調理実習の学習のなかに組み込んで授業を考えていくことができるということを示しています。

具体的には，支援の必要な子に，どのようなことを教えるのかは，文部科学省が政令で定めている特別支援学校学習指導要領をもとに，子どもの実態に合わせて授業を組み立てていくことになります。学習指導要領と子どもの実態の双方を合わせて考えることから授業を組み立てることが先生の大きな仕事になります。子どもの興味関心のあることやその子のできる力を使った授業を計画しながら，その授業のなかに，子どもにつけたい力を育てるための要素を組み込むことになります。この授業づくりと授業実践を考えることが，先生にとって最も楽しい時間だといえます。私自身も，今度はどんな授業をしようかな，何をやろうかなとつねに頭のなかで授業のイメージを膨らませていました。この時間がわくわくしたとても楽しい時間でした。

具体的な授業の計画ですが，多くの先生方は，はじめに年間の指導計画を立てます。4月は行事としてどのようなことをして，教科としては，たとえば国語なら絵本の読み聞かせをするといった具合に，月ごとに指導目標と具体的な指導について考えていきます。

そして，授業には必ず評価がついてきます。今日の授業はどんなだったか。子どもたちは楽しんでくれただろうかと，今日の授業を反省して自己評価をすることが次の授業につながっていきます。子どもたちにとって授業は「楽しい活動」ですが，先生にとって授業は「指導」になります。「楽しい授業」は，授業としての前提条件です。その楽しい授業のなかで何を育てたかったのか，何を伝えようとしたのか，その育てようと思ったことがうまく伝わったのかを問い直す必要があります。そのためにも，他の先生に授業の感想を聞いたり，自分で一日の反省ノートを作って記録していくことが大切になります。

だれでも先生になり立てのときは，授業は失敗だらけです。その失敗を糧として，明日はもう少しいい授業をしようという思いでいることが，いい先生になっていくための第一歩だといえます。

6 これからの特別支援教育をめざして

「ひとりひとり」と「みんな一緒に」を大切にすることをめざすインクルーシブ教育の理念はすばらしいものだと思います。しかしながら，そのインクルーシブ教育の実現は簡単にはいかないと思っています。スウェーデンにおいて，インクルーシブ教育を推進してきたイエテボリ大学のエマニュエルソン先生に，「インクルーシブ教育は，どのようになれば到達したといえるのですか」と聞いたことがあります。そのとき，エマニュエルソン先生は，「インクルーシブ教育にゴールはありません。その向かおうとするプロセスが大切です」と言われました。私自身も，「なるほどそうだ」と思いました。ひとりひとりを大切にすることなど，プロセスを大事にすることから生まれてくるものこそ大切だと思いました。「これでいい」と思っては発展がありませんし，「もっとよくしないといけない」という思いを失ってしまっては，この特別支援教育は進んでいかないと思います。

大学を卒業し特別支援学校の先生となったとき，お母さんから「この教育は10年しないとわからないんじゃないですか」と言われたことが昨日のことのようです。子どもたちの発達の歩みもゆっくりですし，すぐに答えの出る教育ではないといえます。

乗り越えるべき課題は山積みです。しかし，それを子どもとともに，うまずたゆまず一歩一歩昇っていくことが求められているといえます。この特別支援教育を少しでもいいものにするように，皆さんと力を合わせて，子どもたちと共に一歩一歩進んでいきたいと思います。

文　献
福沢諭吉　1866　西洋事情　福沢諭吉著作集第1巻　2002）所収　慶應義塾大学出版会
Kaufman, A. S. & Kaufman, N. L.　1983　*Kaufman assessment battery for children*（K-ABC）．（松原達哉他（共訳編著）1993　K-ABC 心理・教育アセスメントバッテリー　解釈マニュアル　丸善メイツ）
糸賀一雄　1980　福祉の思想　NHK 出版
近藤原理・清水寛（編）　城台巌（写真）　1986　この子らと生きて　近藤益雄と知恵遅れの子の生活教育　大月書店
黒田吉孝・小松秀茂（共編）　2003　発達障害児の病理と心理（改訂版）　培風館
文部科学省　2005　特別支援教育を推進するための制度の在り方について（答申）文部科学省
文部科学省　2012　特別支援教育の対象の概念図
　　http://www.mext.go.jp/a_menu/shotou/tokubetu/main/001.pdf（2012.1.15）
真城知己　2010　19世紀イギリス肢体不自由教育史研究序説—問題の所在と課題設定—　千葉大学教

育学部研究紀要, **58**, 1-8.
渡辺　実　1991　訪問教育の子どもたち　野村庄吾（編著）　子どもの発達障害と教育　金子書房　pp.175-195.
渡辺　実　1998　訪問教育の子どもたちからのメッセージ　佐伯胖他（編）　教育への告発　岩波書店　pp.96-108.
渡辺　実　2001　学童期の意味化過程―障害児教育の実践から　岡本夏木・山上雅子（編著）　意味の形成と発達：生涯発達心理学序説　ミネルヴァ書房　pp.90-124.
渡辺　実　2006　主な指導技法と教育課程「1.国語」　特別支援教育における教育実践の方法　菅野敦他（編）　ナカニシヤ出版　pp.83-102.
渡辺　実　2007　特別支援教育とインクルーシブ教育の展望　ソーシャル・インクルージョンへの挑戦―排斥のない社会を目指して　B.G.エリクソン・二文字理明・石橋正浩（編著）　明石書店　pp.233-248.
渡辺　実　2007　特別支援学校と地域性―総合化とセンター的機能の充実　大沼直樹・吉利宗久（共編著）　特別支援教育の基礎と動向―新しい障害児教育のかたち　培風館　pp.165-174.
渡辺　実　2007　発達的視点にもとづく特別支援教育コーディネーターの役割―発達心理学の知見を教育実践にいかに生かしていくのか　日本臨床発達心理士会実践研究誌第2号　pp.32-42.
渡辺　実　2008　障害児教育の歴史と特別支援教育　麻生武・濱田寿美男（編）　よく分かる臨床発達心理学第3版　ミネルヴァ書房　pp.192-193.
渡辺　実　2009　教育実践で大切にしたいことと学習指導要領の改訂「発達」No.119　ミネルヴァ書房　pp.65-72.
渡辺　実　2010　知的障害児における文字・書きことばの習得状況と精神年齢との関連　発達心理学研究, **21**（2）, 170-182.
渡辺　実　2011　発達障害児への通常学級での発達支援2　長崎勤・藤野博（編著）　臨床発達心理学・理論と実践⑥学童期の支援―特別支援教育をふまえて　ミネルヴァ書房　pp.149-160.

4 障害者福祉

1　はじめに

　ここでは，**障害者福祉**について紹介します。
　障害者福祉は，**社会福祉**の一領域です。社会福祉は**生活問題**をかかえる人びとに対して，人間らしい生活を保障するための取り組みといえます。
　私たちの生活はさまざまな条件によって成り立っています。生活をしていくためにはお金がなくてはなりません。暮らしの場，つまり住居がなければなりません。食事をつくって食べたり，衣類を用意したり，これらにかかるお金を計算したり，生活の相談に乗ってくれる友人や親族などの人間関係も必要です。
　生活は日々連続の過程でもあります。仕事に行って，家に帰ってきて，食事をして，お風呂に入って，睡眠をとって…と，疲れた身体を癒やし，そして次の日また仕事に出かけるのです。さらに生活の営みはより長期的に見ていくと，結婚をしたり，子どもを産んだり，子育てをしたりと，次の世代を生み出していく過程でもあります。
　このような生活の営みにおいて，心身に障害があることでさまざまな問題が引き起こされ，生活が成り立たなくなってくることがあります。そのため，障害者には人間らしい生活が送れるよう介護サービスや施設サービス，年金や医療といったさまざまな福祉施策が用意されています。
　ところが，2005年に障害者自立支援法という法律がつくられました。この法律では，多くの障害者が福祉サービスを利用する場合にたくさんのお金を支払わなければならなくなりました。全国でこの法律を違憲とする訴訟が行われ，また関係従事者や障害当事者による運動も繰り広げられました。現在，この法律は新しく生まれ変わることが決まっています。障害者福祉は大きな転換期にさしかかっているといえるでしょう。
　障害者福祉論の講義では，いままさに変貌しつつある障害者福祉について，どのような議論がなされ，そしてあるべき姿をどのように考えていくかを学びます。ここでは，その内容をできるだけわかりやすく紹介していきたいと思います。

2　障害者のイメージ

1.「できない」ことと「できる」こと

　私はかつて，障害がとても重度の子どもの介護を担当したことがあります。その子ど

もは脊髄小脳変性症という難病をかかえ，上肢下肢とも不自由で，移動には車いすを使い，腕や足はもちろん，胴体も首も自力でほとんど動かすことができません。ご飯を食べるにも誰かに口にスプーンを持っていってもらい，時間をかけて噛み，そして飲み込みます。トイレもおむつでしていました。友達とのふれあいでにこやかな表情を見せていたのが印象的でした。

さて，この障害のある子どもの「できない」ことと「できる」ことを書いてみてくださいとお願いしたとします。すると，たいていの人は歩くことができない，自分でご飯が食べられない，自分でトイレができないといった「できない」ところはスラスラと書けるのに，「できる」ところは全くといって良いほどペンが止まってしまいます。

実は，モノサシを自分ではなく，その子自身で見ていくことをすれば「できる」ことはたくさん出てくるのです。

2.「できる」モノサシ

この子どもはたしかに重度の障害がありますが，たとえば友達の話しを楽しみ，笑顔で応えることができます。友達はその表情を見て「わかってくれたんだ」と意思疎通をすることもできます。そして，たくさんの友達をつくることもできます。

食事も介助があれば自分でご飯を噛み，味わい，飲み込むことができます。トイレも，身体障害者用トイレで身体を介助者に支えてもらえば自分でできます。

絵が大好きで，当初は難しいかなと思われていましたが，リハビリの専門職による指導のもと，筆を握り，肘を少し支えるだけで自分の好きな色を選び，キャンパスに絵を表現することができました（図3-4-1）。

手は動きにくいですが，時間をかければ簡単なボタンなら押すことができます。つまり，時間をかければ yes/no は答えることができるのです。それさえわかれば，「今日は何食べたい？　洋食？　和食？」といった意思疎通ができるようになるわけですから，その可能性はどんどん広がっていきます。挙げるときりがありません。

そして，たとえ障害がどれだけ重度でも，生きていることができているのです。これほど大切な「できる」ことはないでしょう。

図 3-4-1　家の側にあった池

3. マイナスの先入観

　障害者とふれあうと，自分が「できる」ことのモノサシや，世間で当たり前とされるモノサシで人を判断していることに気づきます。

　障害者と聞くと，どうしても「できない」というイメージが先行してしまうことがあります。いつしかこの「できない」というイメージが固定化されてしまうと，「できない」というのはその人にとって一部分でしかないのに，それがすべてであるかのように錯覚し，その人全体をマイナスのイメージで捉えてしまうことにもなりかねません。

　障害者のマイナスの先入観は，昔に比べるとずいぶん改善されてきたように思いますが，本音が出やすいインターネットの書き込みを見ると，まだまだ偏見や差別意識が根強くあることも事実です。さて，こういったイメージはどうしてあるのでしょうか。

3　障害者だから仕方がない？

1. 障害児は教育しても仕方がない？

　これまで，「障害者だから仕方がない」といった諦めともとれる先入観が，障害者の人権をないがしろにしてきたことがあります。

　かつて，社会では障害のある子どもは「教育しても仕方がない」と見られていました。とくにそれが重度になってくるとなおさらでした。障害児は成長や発達が「できない」といった決めつけがあったのです。そのなかで，学校に行きたくても認めてくれない障害児がいました。

　もし自分の子どもにたまたま下半身に障害があったとします。そのことで学校からは「あなたを受け入れることはできない」といって断られてしまうのです。しかも，義務教育では親は子どもを学校に就学させる義務があるため，学校は親に「私は子どもを学校に通わせる義務を辞退します」といった書類まで書かせていたこともありました。

2. 生活史上の三つの危機

　まだ多くの障害児が教育を受けられなかった1960年代，福井県鯖江市で行われた調査によれば，学校に通えない障害児は学校に通えている子どもにくらべ，200〜450倍の死亡率にあったことが報告されています。

　また，教育が受けられないことによる一家心中など，まことに残念な事件も多発していました。このときの悲劇的事件を整理すると，障害児の年齢が0歳の時に加え，ちょうど就学年齢である6歳，12歳に集中して発生していたことから，**生活史上の三つの危機**と呼ばれていました。

　つまり，学校から切り離された子どもたちは，成長や発達が脅かされるとともに生命をも脅かされていたのです。親にとっても，日に日に成長していく子どもを間近に見つつも，自分の子どもだけが学校に通えない現実はたいへん心苦しいことであったに違いありません。

3. 現場からの発信

　しかし，そこで諦めず，同じ立場にある親同士が手を取り合う運動も出てきました。休日の学校の空き教室を利用し，親が教師となり，子どもを教育していったのです。そのこ

とが全国にいる同じような親たちの共感を呼び，やがて全国的な輪へと広がっていきました。

また，施設職員や学校の教師といった関係従事者もたいへん重要な役割を果たしました。たとえば，滋賀県に**近江学園**という福祉施設があります。そこでは重症心身障害児と呼ばれる，とても障害の重度な子どもたちが生活をしています。

その福祉施設は，糸賀一雄という社会事業家が中心となってつくられました。当時，世間では障害のある子ども，とくに重症心身障害児の教育は無理だと思われていました。それでも，根気よく子どもに寄り添い，たとえ反応が読み取れなくても声をかけ続け，顔に手を添えたり，楽器を演奏したりと実践を積み重ねていったのです。すると，実はその子なりの成長や発達をしていることに気づいていったわけです。

どれほど障害が重度であってもその子なりに発達するんだ，というメッセージは，教育をしても仕方がないという「常識」を根底から覆すものでした。これを実践のなかで証明していったわけですから，社会に与えた影響ははかりしれません。このような実践の積み重ねの上に養護学校の必要性が関係者らによって訴えられ，全国各地に養護学校が整備されていったわけです。いまでは学校に通う障害児を当たり前のように目にすることができるようになりました。

実は私たちが当たり前としていることは，誰かが「問題」を問題として取り上げ，取り組んできた成果の上に成り立っていることが多いのです。障害児が教育を受けられないという問題も，粘り強い実践とともにその解決を社会に訴えてきた歴史があります。もしその歴史を忘れてしまうと，やがては脆くも崩れ去ってしまうことになりかねないことに留意する必要があります。

4　障害の発見を支援につなげていくということ

1. 障害のある子どもを産むということ

子どもが産まれるということはとても喜ばしいことです。親兄弟や，祖父や祖母といった，周りの人からも祝福されることではないでしょうか。

ところが，その子どもにたまたま知的障害があったとします。すると，まわりの反応はどうなるでしょうか。

さまざまな親からお話を聞いたりエッセーなどを読んだりしますと，悲嘆ともいえる思いをしていることに気づきます。ある母親は，「障害があることをお医者さんから聞いて，三日三晩，寝られなかった…」と話していました。

本来は，障害があることを発見できたら，障害そのものをできるだけ軽減していくことや，障害がありながらどのように生きていくのか，その将来展望を考えていくことが大切です。たとえば，「じゃあこんなリハビリをしましょう」とか「こんなサービスが受けられるよ」とか，「私たちと一緒に考えていきましょう」とか，少しでも本人や家族が前向きになれる方向へと周りが支えていくことが大切なことはいうまでもありません。

ですが，このことにはまだまだ課題が多いのです。それどころか，障害の発見が反対に作用したこともしばしばありました。

2. 保育所に入りたいという願い

たとえば、いまから40年程前のことですが、ある障害児を養う家族が「保育所に入れたい」とお願いしましたが、そこで告げられたのは「ウチでは受け入れることができません」という返答でした。保育所にとっては障害児を受け入れると職員の手がまわらなくなるという事情があったのです。でも、親としては子どもを預けないと働くこともできません。子どもにとっても保育の場は成長や発達にとって大切な機会でもあります。

そこで、同じようなことに遭遇した親同士が集まって手を取り合い、障害児の保育所入所の必要性を社会に訴えかけていったのです。その結果、障害児を受け入れる保育所には職員を増やすための費用を国が負担するといった制度がつくられ、状況が改善していきました。逆にいうと、そこまでしなければ障害児は保育所にすら入れなかったのです。

先ほど紹介した障害のある子どもを産んだ母親ですが、3年後には満面の笑顔でこのようなことをおっしゃっていました。

「この子が産まれてきてくれて本当によかった。」

はじめは悲嘆していた母親が、いまではその誕生を心いっぱいに喜んでいる。子どもはその分たくさんの愛情をもらえる。このことを社会は大切にしなければならないようにも感じます。

5 障害者ってなに？

1. 障害者のとらえ方

障害者のとらえ方は、いろんな解釈があります。国連では障害について世界的な標準をつくろうという取り組みも行われてきました。それを踏まえつつ、障害者福祉論でもさまざまな議論がなされてきました。

たとえば、次のようなケースはどう考えたら良いのでしょうか。

私は視力が0.1もありません。医学的には視力障害があることになりますが、眼鏡やコンタクトをしているのでほとんど生活や仕事に支障はありません。

最近よく話題になっている発達障害のある場合はどうなるでしょうか。発達障害には、言語的なコミュニケーションが苦手であったり、新しい環境に適応したりすることが苦手といった症状があるといわれています。

図3-4-2 藤井輝明さんが自身の体験談などを執筆された書籍（藤井，2006）

また、容貌障害というものがあります。藤井輝明さんという人は、医師の資格を持っておられるような方で、能力的にはまったく不自由はありませんが、顔に大きなアザやこぶがあることで、就職面接で「化け物は雇えない」といったまことに差別的な対応を受けたそうです（図3-4-2）。

2. 障害者福祉における障害者

福祉領域で障害者とは、障害によって生活問題をかかえており、福祉施策の対象となるべき人といえます。したがって、障害によって生活に支障を来しているかどうかがポイントとなります。

> ### トピック1　貧困原因としての障害
>
> 　障害が原因で貧困状態に陥っている様子は，次の表から読み取ることができます。生活保護法とは，貧困によって生活が自力でまかなえない場合に，国家責任にもとづき生活を保障するためにつくられた制度です。表では，この生活保護法による保護を受けるに至った理由を示しています。表1を見ますと，傷病には障害が含まれますので，保護開始の理由に障害が深くかかわっていることがうかがえます。また，表2を見ましても，保護開始世帯に傷病・障害者世帯がもっとも高いことがわかります。
>
> **表1　2008年における保護開始の理由**（2010・2011年度『国民の福祉の動向』より）
>
> | 傷病による | 貯金等の減少・喪失 | 働きによる収入の減少・喪失 | その他の理由 |
> |---|---|---|---|
> | 6,838 | 2,842 | 2,561 | 4,069 |
>
> **表2　2008年における保護開始世帯の内訳**（2010・2011年度『国民の福祉の動向』より）
>
> | 傷病・障害者世帯 | 高齢者世帯 | 母子世帯 | その他の世帯 |
> |---|---|---|---|
> | 7,484 | 4,118 | 1,414 | 3,224 |

　眼鏡やコンタクトをすれば生活に支障を来さないので，視力が低いという事実だけでは障害者となりません。発達障害でも，こういった症状が生活に支障を来してくることがポイントになります。また，能力的になんら障害がなくても，疾患により外見が他人と違うだけで就職ができなくなってしまい，やはり生活に支障を来すような場合は障害者と捉えられることになるでしょう。

　ですが，実際に生活に支障があって援助を必要としていても，なかなか福祉施策を受けられない場合があります。たとえば，発達障害といった，一見すると障害があるかどうかがわかりにくい人は，いろんな審査の段階ではねられ，福祉施策が利用できないことが問題になっています。福祉施策をもっと利用しやすくしていく取り組みが求められています。

6　障害者福祉論とは

1. 社会を診断する

　次の診察の場面を想像してみてください。

　あなたは医師です。目の前に病気を訴える患者さんがきたとします。あなたならその患者さんをどのように治療していくでしょうか。

　まずはどんな症状があるかをCTやレントゲンで診たり，身体のどこが痛いのかといったことをヒアリングしたりします。そして，その症状がいつでてきたかや，そのときどんなことがあったのかも聞いていきます。いまの症状を見ながら，それがどんな経緯で発症

してきたのかを知ることで，症状の原因をつきとめ，処方を考えていくことでしょう。
　障害者福祉論も同じような考え方をします。
　たとえば，車いすを使う息子さんとその家族がいたとします。その家族が，どうも生活に困り事をかかえているようです。家族が介護をできなくなり，息子を施設に入れようとしているが，たくさんの人がすでに順番待ちで入れないとのことです。
　実は，障害者が入れる施設は足りていません。入りたいと申請をしても，なかなか入れないのです。なぜ施設が足りていないのか，なぜこのような問題が起こってきたのか，その原因を探り，解決策を考えていくことになります。

2. 福祉は命を相手にしていること

　また，有効な薬がないからといって目の前の患者を見捨てるわけにはいきません。同じように，現場では施設が足らないといってその家族を放っておくわけにはいきません。この問題に実践レベルではどのように対処すべきかも考えていかなければなりません。
　このように，診察では病気の原因を探りながら治していく方法を考えるわけですが，障害者福祉論でも同様に，障害者の生活問題という，いわば社会がかかえている病気（**社会病理**）を相手にその原因を分析し，治していく方法を考える領域だといえるでしょう。
　注意しなければならないのが，相手にしているのが診察の場面と同じように，人の命だということです。まことに残念ながら，先ほどのように施設入所を断られたことで生活が破綻し，一家心中をしてしまった家族もあります。障害者の**福祉施策**に欠陥があると，当事者にとっては命に関わる問題に発展しかねません。

3. 健康な社会とは

　社会の病気を治して行くには，健康な社会とは何かも考えていかなければなりません。障害者福祉論ではこのような議論も活発になされてきました。有名なもので**ノーマライゼーション**があります。端的にいうと，障害者が地域で生活できるよう環境を整えていくことといえます。いまから約半世紀も前にデンマークのバンク＝ミケルセン（Bank-Mikkelesen, N. E.）らによって提唱されました。
　これは，裏返すと障害者は地域から隔離されてきた背景があります。福祉国家で有名なデンマークですが，提唱された当時は障害者を収容する大規模施設が地域から離れたところにつくられていました。かつてナチス・ドイツによる強制収容所へ収容されていた経験をもつバンク＝ミケルセンは，施設の隔離性という「問題」を問題として取り扱うためにこの理念を打ち出したともいえるのです。
　たとえば，先ほどの例に照らし合わせると，ノーマライゼーションの観点を踏まえるならば，本当に施設で良いのか，在宅ではダメなのか，ホームヘルパーをもっと活用して家族と一緒に暮らせる途はないのかも含めて考えていくことの重要性に気づかされます。

7　どんな福祉施策があるの？

1. 生活を守る福祉サービス

　障害者の福祉施策ではさまざまな種類のサービスが用意されています。
　たとえば日々の生活は，掃除や炊事をしたり，洗濯したり，トイレをしたり，仕事に出

かけたり，夜になればお風呂に入ったり，寝たりと，さまざまな活動の連続です。健常者であれば当たり前の事かも知れませんが，障害があると生活のさまざまな場面で問題に直面します。

　手足にマヒがある人だと，朝起きてご飯はどうつくるか，どうやって着替えるか，トイレはどうやってするか，お風呂はどうするかといった身の回りのことや，仕事はどうするか，仕事に就けない場合，日々の生活費はどうするか，障害の治療やお薬にかかる費用はどうするか……。こういった障害によって出てくる生活問題に対応するためにつくられているのが障害者の福祉施策です。障害者は必要に応じて福祉施策を利用し，日々生活を成り立たせているのです。

2. 福祉施策の種類

　たとえば，自宅で生活をしているが，トイレや入浴など身の回りのことで困っている，この場合にはヘルパーに自宅まで来てもらい介護をしてくれる**居宅介護**があります。

　外出をするときにも援助が受けられます。週末にショッピングへ行ったり，映画を観に行ったりしたいときに，車いすではなかなか難しい，あるいは知的障害があってうまく電車に乗れないといった場合に，ガイドヘルパーに付き添ってもらう**移動支援**があります。

　仕事がしたい，でも就職先がなかなかない，こういった就労ができるように手助けをしてくれるサービスに**就労移行支援**があります。

　自宅で生活することが難しい場合は，生活をまるごと支えてもらう**施設入所支援**があります。障害者が施設に入所して生活し，介護職員から必要な介護が受けられます。

　障害をできるだけ軽くしたり，克服したりするときには，その処置やお薬など，必要な医療を受けることができる**自立支援医療**があります。

　こういった福祉施策の他にも，車いすや義肢装具などの補装具の給付，障害年金による日々の生活費の給付，税金の控除，交通のバリアフリー，相談支援といった施策があります（表3-4-1）。

表3-4-1　障害者の福祉施策（例）

サービス	内容
障害年金	生活に必要なお金が給付される
居宅介護	ヘルパーに家を訪ねてもらい介護を受ける
生活介護	日中，施設で介護を受ける
短期入所	一時的に施設へ入所する
施設入所支援	施設へ入所し，介護を受ける
就労移行支援	働く場や，就労に向けた支援を受ける
自立支援医療	障害の軽減や克服に必要な医療が受けられる
補装具	身の回りのことで必要な福祉用具が給付される
相談支援	生活の困り事の相談や，各種制度などの情報提供が受けられる

3. 権利としての福祉

　かつては，このような福祉施策は「かわいそうだから」といった発想で提供されていました。これは**慈善事業**と呼ばれていました。このような発想だと，障害者の尊厳を傷つけてしまうことになります。

生活はみんなで分かち合い，社会の責任で支えていくことが重要です。障害があることは誰にでも起こりうることですし，個人の問題でもありません。したがって，**福祉施策**を受けることを権利として保障していくことが重要となります。

8 福祉政策を考える

1. 政策とは

いまだに障害を苦に自殺や一家心中と行った事件は絶えません。まことに残念ながら，こういった社会の病理に対して，制度が対応しきれていない部分があります。なぜなのでしょうか。

福祉制度は政策によってつくられます。政策は「これからこうしていこう」といった方針や指針のことです。制度に問題があるということは，政策に問題があることになります。今後政策はどうあるべきかを議論するのが政策論となります。

長らく福祉政策は，できるだけ福祉のコストを切り詰めていくという福祉抑制政策にありました。その方針のなかでつくられたのが障害者自立支援法です。

2. 障害者自立支援法

2006年度からスタートした新しい法律なのですが，障害者団体による猛反発のなかでつくられました。その理由はさまざまですが，最も関心を集めたのが福祉サービス利用時の費用負担の問題でした。

この法律では福祉サービスを受けるとき，所得が有る無しにかかわらず一定の費用を負担することとしたのです。これを**応益負担**と呼びます（定率負担とも呼ばれています）。多くの障害者にとってはその負担が生活に重くのしかかってしまうことになりました。

そのため，全国で一斉に違憲訴訟が行われたり，職員団体や当事者団体による抗議運動が行われたりしました。その影響もあり，いま政策ではこの法律を廃止する方向へと舵を切っています。

3. 施設から在宅福祉へ

また，最近の政策では福祉サービスの重心を施設から在宅サービスへと切り替えていくという方針があります。

そのため，障害者自立支援法では数値目標を掲げ，施設へ入所している障害者に一定数退所してもらい，在宅サービスを整備していくことが進められています。このとき，退所先にはグループホーム（障害者複数人が共同で生活する）など別の居場所を用意して移ってもらうことに加え，家族に戻すことも想定しています。

しかし，ここでも問題点が指摘されています。障害者施設は数が足りていません。どこも満席状態で，たいていは入所待ちになります。ではどういった人が優先して入所するかというと，たとえば両親が高齢や死亡により介護ができなくなったときなど，障害者やその家族の命に直結している場合です。その家族に戻すことをも含めて退所を進めているわけですから，場合によっては深刻な事態を招きかねません。

また，施設から退所するかどうかは，本人の**自己決定**が尊重されることが重要です。先に数値目標を掲げてしまうと，本人の自己決定はないがしろにされてしまいかねません。

私が直面した印象的な事例を紹介します。

以前，ある施設に入所されている知的障害のある女性とバスで話をしました。その人が入所している施設は，上に述べた事情で閉鎖されることになりました。その話し合いがこれからあるとのことでした。

「なんで施設から出されんといかんの…？　なんとかしてほしい」

「わたしこれからどこで生きていけばいいの？」

この人が終始おっしゃっていたことです。話をしていると，本人たちの意見を聴くよりも先に施設閉鎖が決められたこと，本人はとても施設を出られる状況ではないこと，その人はアルバイトで働いているが，施設を出ると住む場所が変わってしまうので，働き続けることができるのか不安だということでした。

このような声は私の耳には届きましたが，政策には届かないまま施設削減は進められています。

「**消される貧困**」という言葉があります。これは，社会の知らないところで生活に困り果て，誰の目にも届かないうちに貧困者が亡くなり，「問題」を問題として明らかにされないまま消えていく貧困のことです。このような声を一つずつ拾い上げていくことはたいへん難しいことですが，政策を考えるにはこのような見えにくい部分にこそしっかりと向き合っていくことが求められます。

9　働くことを支える

1. 雇用率制度

障害があると，働くことに支障がでてきます。働くということは，日々の生活費を得ることだけでなく，社会とのつながりを得るということや，自己実現の場という意味でもたいへん重要なことです。では働くことを支えるため，福祉施策ではどのような取り組みを行っているのでしょうか。

働くことへの支援には，障害者自立支援法や**障害者雇用促進法**などが用意されています。ここでは障害者雇用促進法を取り上げます。

この法律は，50人以上を雇っている会社などに障害者を雇うことを義務づけています。たとえば，一般の会社には 1.8% という数値を設けています。つまり，1千人の従業員を雇っている会社であれば，そのうち18人以上は障害者を雇いなさい，としているわけです。

何％の人を雇いなさいとした数値を義務雇用率，実際にどの程度達成できたかを実雇用

表 3-4-2　雇用率制度の実績（2011年版「障害者白書」）

種別	義務雇用率	実雇用率
国の機関	2.1%	2.29%
都道府県の機関	2.1%	2.50%
市町村の機関	2.1%	2.40%
都道府県等教育委員会	2.0%	1.78%
独立行政法人等	2.1%	2.24%
民間企業	1.8%	1.68%

率と呼んでいます。この数値を表にまとめておきます（表3-4-2）。

実雇用率は不況にもかかわらず年々改善してきました。しかしながら、義務雇用率がもっとも達成できていないところは残念ながら教育分野となっています。

2. 就職後の支援

では、仕事に就いてからはどのような支援が受けられるのでしょうか。

障害者にとって働きやすい環境をつくるには、障害の特性と仕事内容とをしっかりと考え、必要な配慮や工夫を会社の労務管理に組み込んでいくことがたいせつになります。

たとえば自閉症の場合、いったん決められたことを変更されることは苦手だが、決められたことなら人一倍がんばれるという特性があったりします。スーパーに就職した場合、接客からレジ打ち、商品広告や陳列など、臨機応変さが求められるさまざまな仕事を一気に任せられるとパニックになりかねません。

それを、担当する仕事を納品から陳列までの作業に限定し、一日のルーティンをパターン化してしまうことで、快適に仕事に取り組めるようになることがあります。

こういった調整に直接現場で立ち会い、本人への指導や会社側とのすりあわせを行う担当員を**ジョブコーチ**と呼んでいます。まだまだ小規模ではありますが、障害者雇用促進法ではジョブコーチを派遣する取り組みがスタートしています。

また、この法律では障害者が就職できるよう地域の事業所に担当職員を配置し、相談支援も行っています。

どんな仕事があり、どのような会社があるのか、その会社に過去どんな障害者を雇ってきたかなどの情報はなかなか入手できるものではありません。これらを把握し、障害者一人ひとりの特性に応じて就職へとつなげていくわけです。雇用する会社にとっても、このような担当職員が介入してくれることはたいへん心強いことだろうと思います。

10　生きることを認めるということ

1. 生存権

障害者福祉を考える上で、基本的な原理に**生存権**があります。

生存権とは、生きることを社会全体で認めていくことといえるでしょう。当たり前のことのように思われるかも知れませんが、障害者の視点から見ると、これがとても敷居の高いことであったことがわかります。障害者自立支援法の違憲訴訟でも問われたのは生存権でした。障害者の生存権について考える場合は、これまで社会が障害者にどのように向き合ってきたのかを知ることが大切です。

2. 断種法

いまから100年程前の話です。優生思想という考え方が世界的に広がりました。

人間には人種や性別、年齢など、いろんな違いがあります。優生思想は、このなかで遺伝子に目をつけ、遺伝子によって人間を序列化し、「優秀」とする遺伝子を積極的に残していこうとする考え方です。歴史を振り返ると、実際にこの考えに従って断種や殺害が行われてきました。

断種とは「悪質」とみなす遺伝子の持ち主を手術し、子どもを産めないようにしてしま

うことです。この断種を目的にした法律，いわゆる**断種法**が米国でつくられ，世界的に広がっていったのです。その対象は主に障害者でした。

3. T4 計画

優生思想のもう一つの方法が，殺害です。

かつてナチス・ドイツは，「安楽死」の名の下に，ドイツ本国と占領国下の障害者7万人を殺戮しました。これはT4計画と呼ばれています。この計画が中止された後も実態として「安楽死」は進められ，その総数は25万人ともいわれています。

障害者は「灰色のバス」に乗せられ，各地につくられた施設に送られていきました。施設に到着すると一斉に服を脱がされ，シャワーを浴びるよう指示されます。看護師がその誘導をしましたが，終始穏やかに対応していたようです。ガス室は地下にあり，シャワールームに見せかけられていました。このシャワールームのノズルが，ガスを噴射するノズルになっていました。障害者がシャワールームに入ると，外から鍵がかけられ，ガスが噴射され，殺害されていったのです。これは成人に限ったことではなく，子どもも含まれていました。

T4計画は1941年に公式的には中止となりましたが，実態としてはその後も続けられました。このときの「安楽死」は医師が担当し，病院にて致死量の薬物投与によって行われました。戦争末期には戦争によって障害を負った兵士にも同様の措置が行われました。

このとき医師や看護師はなぜ殺害を続けたのでしょうか。「安楽死」を行ったハダマーの施設では，1万人目の障害者の遺体を前にして，乾杯をしたそうです。どうやら自分たちがやっていることが虐殺ではなく，「善いこと」なのだと思い込んでいたのかも知れません。

このことは対岸の火事ではありませんでした。日本もドイツのように露骨ではありませんが，ある種共通することをやっていました。その内容を次節で紹介します。

11　障害者を排除しない社会づくりとは

1. 国連の提言

いまから30年前に，国連決議で次のような問いかけがありました。
「障害者を締め出す社会は，弱くてもろい社会である。」
障害者など社会の一部の人びとを排除しているような社会は，どれだけ裕福に見えたとしても，たちまち崩れ去ってしまう脆い社会であるとのメッセージです。
かつて日本はこのような社会にありました。それは戦争をしていた時代です。

2. 命の選別

戦時下では，国の政策にとって有用かどうかを基準に国民の命を選別し，保護と排除を一体的に行っていきました。どういうことなのでしょうか。
日本は，1931～1945年まで戦時体制にありました。とくに，1937年以降は戦争が本格化し，たくさんの兵力を必要としました。
ところが当時の国民の健康状態はすこぶる悪く，結核やトラホーム，脚気といった病気に悩まされていました。こういった病気に負けない国民の健康な体づくりが，国家的な課

題として取り組まれていたのです。

当時は20歳になるとすべての男性は徴兵検査を受け，成績の優秀な者から戦地へと送られていきました。陸軍はこのとき甲・乙・丙・丁と，4段階にランク付けをして選別しました。甲種合格は成績が最優秀，乙種はそれに次いで優秀な成績，丙は前線で使うことは難しいが兵隊としては合格，そして丁種は兵隊としては使えない不合格者とされました。

では，どのような人が丙種・丁種となっていたのでしょうか。陸軍はたいへん厳密な基準をつくって検査をしていましたが，その中身を見ていくと，丙種は虚弱者，丁種の多くは当時「不具廃疾」と呼ばれていた障害者だったのです。

丁種とされてしまうと，戦争に行かなくて良い，良かった，となりますが，一方でそのことは，兵隊として使えない，「御国」のために尽くせない人だ，非国民だ，といわれてしまうことでもありました。兵士として「御国」に尽くせることが一人前の国民として認められるための条件だったのです。

戦時を生き抜いた障害者の証言を見ていくと，なんとか兵士となるため，徴兵検査を少しでも優秀な成績になるよう苦心していた様子がうかがえます。また，視覚障害者は目が見えないが耳は聞こえる，ということで，敵機の爆撃機を察知する防空看守に就いていた視覚障害者もいました。

3. 国民を健康にするための社会保障

このような丁種や丙種と選別される人の割合はかなり多く，政府はたいへん危機感を持っていました。そのため，国民の健康を所轄する厚生省をつくったり，成人に達するまで国が国民の健康を管理する国民体力法をつくったり，健民体操といった健康増進の奨励もずいぶん行われました。

とくに，このとき**社会保障**がずいぶん整備され，医療制度では国民健康保険法をつくって農民などが医療を受けやすくしました。労働力や兵士の源泉となる一般国民に対してはできるだけ健康になるよう積極的に社会保障制度が活用されたのです。いまサラリーマンが加入している厚生年金保険も，このときつくられたものでした。

ただしこのときの社会保障は，論理的な帰結として，労働力や兵士として期待できない障害者を相手にしなかったことに気をつけなければなりません。国民の必要に応じた社会保障ではなく，あくまで国家の要請に応じてつくられた社会保障では，障害者のような弱い立場に立たされている人にとっては意味を成さなかったのです。そればかりか，そのような人々をむしろ社会から積極的に排除をするという制度もつくられました。

4. 国民優生法

戦争に行って障害者になった人達は，国への功労者となりますから，**傷痍軍人**と呼ぶようにし，年金や医療，社会復帰のための職業訓練などが与えられました。いま日本全国にある国立病院は，このとき傷痍軍人のための病院であったものが大半です。たいへん大規模で手厚い保護が用意されていました。

一方で，兵士として使えないとされた丁種不合格者は，どのような処遇がなされていったのでしょうか。

一部の医学者や陸軍のあいだで，このような障害者の多くは「遺伝によるものだ」という一方的な決めつけが横行しました。その結果，**徴兵検査**の成績を良くするには出生から対策をするべきだ，という発想で**国民優生法**がつくられました。

この法律は，断種に法的な根拠を持たせたものです。通常は治療目的以外に身体にメスを入れることは傷害罪になってしまいますが，「遺伝にもとづく」とした障害者には，子どもを産めないよう手術することを可能にしたのです。

5. 戦後も生き続けた断種法

その後日本は，多大な犠牲をともなって戦争が終結します。しかも，終戦は社会をかつてない混乱の渦に巻き込んでいきました。

経済はインフレで破綻し，闇市が横行し，街には失業者，孤児や白衣募金を行う傷痍者であふれかえりました。戦争で成り立っていた社会は終戦を迎えると一気に崩れ去ったのです。戦時体制とは，まさに国連がいう「弱くて脆い社会」であったわけです。

ところが，国民優生法は戦時よりもむしろ戦後の方が実行力を持ちました。この法律は1948年に優生保護法として生まれ変わり，1996年まで存続したのです。戦後70年経った今なお，日本社会はこのような歴史に向き合えていないように思わざるを得ません。

とくに，今日までつづく社会保障が戦争の遂行に一役買っていた事実も，しっかりと考えていくことが必要でしょう。国連がいう「強くて頑丈な社会」をつくっていくためには，一部の人びとを締め出さない論理で福祉を考えていくことが求められるといえます。

12　おわりに

障害者問題への社会的な取り組みは，次のような目的で行われてきた歴史が指摘されています。

障害者はかわいそうな人だから救ってあげるべきという慈善的な目的，善い政治をしていることをアピールする手段として用いる慈恵的な目的，障害者を危険人物として見なし社会を守るために保護するという社会防衛的な目的，障害者のなかにはサバン症候群などにより天才的な能力のある人がいるのでそれを活かしていくという社会効用的な目的です。

これは，社会が障害者をどのように見てきたのかを現しているともいえるでしょう。いまでもこのような見方は世間で散見します。

たとえば，重大な事件を起こした人が精神病院に通院していたとすると，マスコミではその部分を強調することがあります。骨折やガンといった病気は取り上げないのに，精神病の場合はそれをことさら強調する背景には，いまだに精神障害が犯罪を引き起こすといった誤解が根底にあることがいえます。今なお障害者は社会防衛的な見地から見られることがあるのです。

こうした見方にはやはり何かが抜けています。何かされるかも，といったまわりにいる人の立場が優先され，障害者の立場に立って考えることがないがしろにされてきている側面があります。だからこそ障害者福祉では，「本人にとってどうか」という目線で制度や政策，実践を考えていくことが重要となります。

文　献
藤井輝明　2006　笑う顔には福来る―タッチ先生の心の看護学　日本放送出版協会

事項索引

あ

アイコニック・メモリー　71
ICF（国際生活機能分類）　124
愛着（アタッチメント）　111
アイデンティティ　10
アニマ　9
アニムス　9
アプガースコア　107
アルコール依存　49
育児不安　46
意思決定　75
遺伝子情報　101
イド　8
移動支援　140
インクルーシブ教育（包括教育）　123
ウェルニッケ失語（感覚失語）　71
運動発達遅滞　113
エコイック・メモリー　71
エゴグラム　25
エス　8
SCT　27
エディプス・コンプレックス　8
NAMI（National Alliance on Mental Illness）　97
MRワクチン　106
援助　30
応益負担　141
近江学園　136
オペラント学習　111
重い精神障害　94
親の養育態度　56

か

外向型　9
介護者法　96
概日リズム（サーカディアンリズム）　68
解離　35
カウンセラー　37
カウンセリング　46, 62
加害者　59
かかりつけ一般家庭医　97
学習指導要領　119
学習障害（LD）　129
学生ボランティア　121
影　9
家族　96
　——合同面接　50
　——ライフサイクル　51
　——療法　50
学校臨床　77
家庭裁判所　60
　——調査官　60
感覚記憶　71
喚語困難　71
器質性障害　89
気分障害　90
教育課程　119
教育実習　121
教育相談　77
共感　37, 73
協調性運動障害　113
居宅介護　140
空間認知　68
クライエント　33, 50
　——中心療法　10
グレートマザー　9
計画性　68
傾聴　37
消される貧困　142
元型　9
言語連想検査　9
原始反射　109
高機能自閉症児　129
合計特殊出生率　84
行動抑制　68
広汎性発達障害（PDD）　63
合理化　35
国民保健サービス　97
国民優生法　145
語性錯誤　71
子育て支援　84
固着　8
子どもの養育　46
コミュニケーション　52
コンプレックス　9

さ

再帰性発話　71
サラマンカ宣言　123
ジェンダー　53
自我　8
視覚　68
　——障害　113, 121
視空間認知機能　70
自己一致　38
自己決定　141
自己治癒力　39
自己理論　10
事実婚　46
字性錯誤　71
施設入所支援　140
慈善事業　140
自尊心の低下　112
肢体不自由児　120
市町村　93
失書　70
失読　70
質問紙調査　54
質問紙法性格検査　25
児童虐待　46, 62
児童自立支援施設　60
児童心理司　60
児童相談所　60
児童福祉司　60
自閉症スペクトラム障害　113
社会化　52
社会支援サービス　98
社会的スキル　52
　——トレーニング　83
社会病理　139
社会福祉　133
社会保障　145
集合的無意識　9
重症児教育　123
重度重複障害児　119
就労移行支援　140
出生順位　54
受容　37
傷痍軍人　145
昇華　35
障害者雇用促進法　142
障害者福祉　133
障害者福祉論　139
少子化　46
　——対策　84
情動認知機能　72
少年院　61
少年鑑別所　60
ジョブコーチ　143
自立支援医療　140
事例研究　41

神経症　112
心身二元論　68
心理アセスメント　17
心理検査　23
心理療法　33
遂行機能　68
スーパービジョン　41
スクールカウンセラー　60, 79
スクールソーシャルワーカー　60
ステレオタイプ　53
ストレス　49, 81
　——マネジメント　83
生活史上の三つの危機　135
生活のしづらさ（障害）　91
生活問題　133
精神科治療　98
精神作用物質による精神および行動の障害　90
精神疾患　89
精神障害者対策　92
精神障害者の福祉　93
精神物理学　7
精神分析　8
精神保健及び精神障害者福祉に関する法律　96
精神保健福祉士　93
精神保健福祉センター　93
生存権　143
生徒指導　77
摂食障害　49
絶対的方位感覚　69
セラピスト　37
染色体　102
先天性風疹症候群　106
相対的方位感覚　69
相貌認知　69
ソーシャルスキル　111
側性化　70
粗大運動　109
ソマティック・マーカー仮説　75

た
退行　8, 35
胎児　103
代償　35
代理出産　46
脱中心化　11
短期記憶　71
断種法　144
地域支援システム　95
知性化　35
知的障害　113
　——児　120
知能検査　24, 127

注意欠陥多動性障害（ADHD）
　64, 113, 129
中心化　11
聴覚障害　113, 121
長期記憶　71
超自我　8
調節　11
徴兵検査　145
通常学級　119
T4 計画　144
適応　35
手続き記憶　73
電文体　71
同一化　35, 39
同一性危機　11
投影法性格検査　26
同化　11
動機付け　38
統合失調症　90
洞察　37
投射　35
逃避　35
特別支援学級　115, 125
特別支援学校　115
　——教諭免許状　120
特別支援教育　119
特別な教育的ニーズ　122
ドメスティックバイオレンス　49
トラウマ　63

な
内向型　9
喃語　110
乳幼児健診　108
認知機能　67
認知症疾患　89
妊婦健診　105
ノーマライゼーション　122, 139

は
パーソナリティ　54
配偶者選択行動　53
バウムテスト　28
発達障害　63, 115
　——児　129
半側空間無視　70
反動形成　35
P-F スタディ　29
被害者　59
非言語的コミュニケーション　21
非行　46
　——少年　59

　——臨床　59
　——学　59
微細運動　109
ヒトゲノム計画　102
病弱児　120
貧困　138
福祉政策　139, 141
不登校　79
ブローカ失語（運動失語）　71
分析心理学　9
文脈理解　68
防衛機制　35
包括型地域生活支援（Assertive Community Treatment: ACT）　97
法務技官　60
法務教官　60
訪問教育　119
保健所　93
保護観察官　60
保護観察所　60
母子健康手帳　104
母子平行面接　50
補償　35
母性神話　56

ま
ミラーニューロンシステム　74
面接　21
モデリング学習　111
モラトリアム　11

や
薬物依存　49
抑圧　35

ら
リストカット　49
リハビリテーションサービス　98
リビドー　8
療育　115
臨床心理学　3
臨床心理士　14, 40, 49
倫理委員会　14
倫理綱領　14
連携が問われる臨床　62
ロールシャッハ・テスト　26

わ
YG 性格検査　25
ワーキングメモリー　74
枠の臨床　61

人名索引

あ
秋山誠一郎　5
アドラー（Adler, A.）　6
荒木ひさ子　28
アリストテレス　5
池田太郎　123
石垣琢磨　19
糸賀一雄　123, 136
ウィットマー（Witmer, L.）　6
ウィニコット（Winnicott, D. W.）　12
ウェクスラー（Wechsler, D.）　6
エリクソン（Erikson, E. H.）　10, 11
エリス（Ellis, A.）　6
大野洋子　48

か
片口安史　6
カナー（Kanner, L.）　36
河合隼雄　9, 33
キャッテル（Cattell, R. B.）　7
グッドイナフ（Goodenough, F. L.）　6
クライン（Klein, M.）　7, 12
クリック（Crick, F. H.）　101
クレッチマー（Kretschmer, E.）　6
コッホ（Koch, K.）　6
小林哲郎　27
コフート（Kohut, H.）　12
近藤益雄　123

さ
真城知己　123
シェパード（Shepard, R. N.）　74
司馬遼太郎　17, 18
シモン（Simon, T.）　6
ジャネ（Janet, P.）　6
シャルコー（Charcot, J. M.）　6

た
ターマン（Terman, L. M.）　7
田中寛一　24
ダマシオ（Damasio, A. R.）　75
田村一二　123
デカルト（Descartes, R.）　67
トンプソン（Thompson, P.）　69

な
ナイサー（Neisser, U.）　67

は
ハサウェイ（Hathaway, S. R.）　6
長谷川功　109
畠瀬 稔　10
バンク＝ミケルセン（Bank-Mikkelesen, N. E.）　139
ピアジェ（Piajet, J.）　11
ビネー（Binet, A.）　6, 7
ピネル（Pinel, P.）　6
ヒポクラテス　5
福沢諭吉　123
藤井輝明　137
フロイト（Freud, S.）　6-10
ブント（Wundt, W. M.）　6

ま
マーラー（Mahler, M.）　12
マーレー（Murray, H. A.）　6
前田重治　8
マッキンレー（Mckinley, J. C.）　6
ミーシャー（Miescher, F.）　101
メスメル（Mesmer, F. A.）　6
メッツラー（Meztler, J.）　74
メンデル（Mendel, G. J.）　101
モレノ（Moreno, J. L.）　6

や
山崎修道（Yamasaki, S.）　74
ユング（Jung, C. G.）　6, 9

ら
ラカン（Lacan, J.）　7
ル＝グイン（Le Guin, U. K.）　9
ルドゥー（Le Doux, J. E.）　72
ローウェンフェルト（Lowenfeld, M.）　6
ロールシャッハ（Rorschach, H.）　6
ロジャーズ（Rogers, C. R.）　6, 10

わ
ワトソン（Watson, J. B.）　6
ワトソン（Watson, J. D.）　101
ワン（Wan, X.）　73

著者一覧（執筆順）

丹治　光浩（たんじ　みつひろ）
1956年生まれ。
花園大学社会福祉学部臨床心理学科教授。
主著：『中学生・高校生・大学生のための自己理解ワーク』（単著・ナカニシヤ出版），『心理療法を終えるとき』（編著・北大路書房）
担当：第1部第1章
楽しくて実用的で，かつスリリングな臨床心理学の世界を一緒に探求していきましょう。

東　牧子（あずま　まきこ）
1949年生まれ。
花園大学社会福祉学部臨床心理学科教授。
主著：『メンタルヘルス入門　事例と対応法　第3版』（共著・創元社），『現場に活かす精神科チーム連携の実際　精神科医，心理士，精神科ソーシャルワーカーのより良い連携を求めて』（共著・創元社）
担当：第1部第2章
この本が臨床心理学の魅力に触れる機会となればうれしいです。

荒木　ひさ子（あらき　ひさこ）
1958年生まれ。
花園大学社会福祉学部臨床心理学科准教授。
主著：『こころを蘇えらす』（共著・講談社），『箱庭療法の現代的意義　現代のエスプリ別冊箱庭療法シリーズⅡ』（共著・至文堂）
担当：第1部第3章
カッコいい人とは静かに自分を見つめることのできる人です。臨床心理学はそのお手伝いをします。

妹尾　香織（せのお　かおり）
1972年生まれ。
花園大学社会福祉学部臨床心理学科准教授。
主著：『心理測定尺度集Ⅴ　個人から社会へ＜自己・対人関係・価値観＞』（分担執筆・サイエンス社）
担当：第2部第1章
学ぶことは想像すること，なにより豊かで楽しい経験です。さあ，冒険しましょう。

橋本　和明（はしもと　かずあき）
1959年生まれ。
花園大学社会福祉学部臨床心理学科教授。
主著：『虐待と非行臨床』（単著・創元社），『非行臨床の技術―実践としての面接・ケース理解・報告』（単著・金剛出版）
担当：第2部第2章
非行臨床は心理学だけでなく，教育学，社会福祉学，法学など多くの技法と知恵を実践する学問です。

小海　宏之（こうみ　ひろゆき）
1962年生まれ。
花園大学社会福祉学部臨床心理学科教授。
主著：『高齢者のこころのケア』（共著・金剛出版），『実践　糖尿病の心理臨床』（共著・医歯薬出版）
担当：第2部第3章
心と脳の関係にはミステリアスな現象もたくさんあるので，興味をもっていただく機会となれば幸いです。

小川　恭子（おがわ　きょうこ）
1973年生まれ。
花園大学社会福祉学部臨床心理学科准教授。
主著：『心理アセスメントハンドブック第2版』（分担執筆・西村書店），『実践に役立つ臨床心理学』（分担執筆・北樹出版）
担当：第2部第4章
わからないことや知らないことに対する好奇心を持ち，考えることが大事だと思います。

三品　桂子（みしな　けいこ）
1951年生まれ。
花園大学社会福祉学部臨床心理学科教授。
主著：『利用者主導を貫く精神障害者ケアマネジメントの技術』（編著・へるす出版），『日本で始める　ACTチームの立ち上げ方―アウトリーチによる包括的地域生活支援のコツ―』（編著・久美出版）
担当：第3部第1章
世界では，心理専門職が生活の場やコミュニティで活躍し，重い精神障害のある人の地域生活を支えています。面接室に閉じこもらず，街に出て心理職の真価を発揮しましょう。

小谷　裕実（こたに　ひろみ）
1962年生まれ。
花園大学社会福祉学部臨床心理学科教授・小児神経科医。
主著：『発達障害児のための実践ソーシャルスキル・トレーニング』（単著・人文書院），『大人のアスペルガーのためのソーシャルスキル・ガイド』（翻訳・人文書院）
担当：第3部第2章
子どもも大人も変化し成長します。'何かが違う'と感じ，'変わりたい'と思い立ったら，遅すぎることはありません。自分の考え方や行動を変えてみましょう。

渡辺　実（わたなべ　みのる）
1954年生まれ。
花園大学社会福祉学部臨床心理学科教授。
主著：『知的障害児における文字・書きことばの習得状況と精神年齢との関連』（単著・発達心理学研究，21），『発達的視点にもとずく特別支援教育コーディネーターの役割』（単著・日本臨床発達心理士実践研究誌，第2号）
担当：第3部第3章
特別支援教育の現場で生かしていける実践的な勉強を一緒にしていきましょう。

藤井　渉（ふじい　わたる）
1978年生まれ。
花園大学社会福祉学部臨床心理学科講師。
主著：『花園大学人権論集第17集　民主主義の倒錯―反差別・反グローバリズムの論理』（分担執筆・批評社），『徴兵制と障害者』（単著・医学史研究，第92号）
担当：第3部第4章
いま障害者福祉は歴史的な転換期にさしかかっています。今後福祉はどうあるべきか，一緒に考えましょう。

（似顔絵＝新　香巻）

臨床心理学ことはじめ

2012 年 3 月 30 日　初版第 1 刷発行　　　　　定価はカヴァーに
　　　　　　　　　　　　　　　　　　　　　　表示してあります

　　　　編　者　花園大学社会福祉学部臨床心理学科
　　　　発行者　中西健夫
　　　　発行所　株式会社ナカニシヤ出版
　　〒606-8161　京都市左京区一乗寺木ノ本町 15 番地
　　　　　　　　　Telephone　075-723-0111
　　　　　　　　　Facsimile　075-723-0095
　　　　　　　Website　http://www.nakanishiya.co.jp/
　　　　　　　E-mail　iihon-ippai@nakanishiya.co.jp
　　　　　　　　　　郵便振替　01030-0-13128

装幀＝白沢　正／印刷・製本＝ファインワークス
Printed in Japan.
Copyright ⓒ 2012 by Department of Clinical Psychology, Faculty of Social Welfare, Hanazono University
ISBN978-4-7795-0636-9

本書のコピー，スキャン，デジタル化等の無断複製は著作権法上での例外を除き禁じられています。本書を代行業者等の第三者に依頼してスキャンやデジタル化することはたとえ個人や家庭内の利用であっても著作権法上認められておりません。